Inhaltsverzeichnis

AF704964

Vorwort

Liebe Kolleg*innen,

Freunde sind wichtig im Leben. Das gilt nicht nur für Erwachsene, sondern auch (oder umso mehr) für unsere Kinder. Kinder brauchen einander, um gemeinsam zu spielen, zu lachen und die Welt zu entdecken.
Bereits Säuglinge nehmen andere Menschen wahr und können sie anhand des Geruchs voneinander unterscheiden. Später kommen zu dieser Wahrnehmung die anderen Sinne hinzu und Kinder können die Menschen auch anhand ihrer Stimme und ihres Aussehens auseinanderhalten.
Sobald Kinder anfangen zu krabbeln und später zu laufen, treten sie mit anderen Kindern in Kontakt. Jetzt sind es häufig noch mehr oder weniger zufällige Begegnungen, später ist es ein Nebeneinanderspielen.
Ab dem Alter von ca. drei Jahren fangen Kinder an, Freundschaften zu entwickeln. Oft sind es noch kurzfristige Beziehungen, einzelne Spielsequenzen oder auch ein Tag, an dem mit dem anderen zusammen gespielt wird. Diese Freundschaft kann ebenso rasch beendet werden, wie sie zustande gekommen ist.
Aus solchen kurzfristigen Freundschaften, in denen Kinder lernen, mit wem sie gut oder weniger gut zurechtkommen, entwickeln sich nach und nach länger andauernde Freundschaften. Diese haben einen hohen emotionalen Wert für jedes Kind, es werden Geheimnisse ausgetauscht, man verbündet sich miteinander und auch ein Streit belastet die beiden Kinder viel mehr.
Im Kindergarten erleben wir immer wieder, dass es Kinder gibt, denen es sehr leichtfällt, Kontakte zu anderen zu knüpfen, aber auch, dass es Kinder gibt, denen es aus den unterschiedlichsten Gründen schwerfällt, auf andere zuzugehen. Die unterschiedlichen Altersgruppen und ihre entsprechenden Bedürfnisse sowie die verschiedensten Charaktere zu berücksichtigen und entsprechend zu agieren, ist jedes Jahr aufs Neue eine große Herausforderung für alle Erzieherinnen.
In dieser Projektmappe finden Sie zahlreiche praxiserprobte Anregungen, mit Hilfe derer Kinder kompetent werden für den Umgang mit anderen Menschen. Für alle Entwicklungsstufen ist etwas dabei:

- wir lernen die Namen der einzelnen Kinder in der Gruppe kennen,
- wir entdecken verschiedene Charaktere – wir entdecken aber auch Ähnlichkeiten,
- wir machen Spiele mit einem anderen Kind – wir machen aber auch Spiele mit vielen anderen Kindern,
- wir entdecken, dass viele Dinge gemeinsam leichter zu schaffen sind und auch mehr Spaß machen,
- wir erleben, dass auch Streit in einer Gemeinschaft dazugehört – wir lernen aber, in einer angemessenen Weise damit umzugehen,
- wir lernen zwei ungewöhnliche Freunde kennen,
- wir entdecken, dass auch im Tierreich viele Tiere lieber gemeinsam als allein leben u. v. m.!

Und bei allem geht es darum, dass jedes Kind mit seiner Persönlichkeit ernstgenommen wird.
Das Projekt ist so aufgebaut, dass die oben genannten Themen jeweils in allen Erziehungs- und Bildungsbereichen angesprochen und in Aktionen umgesetzt werden. Einige Aktionen sprechen oft verschiedene Bereiche gleichzeitig an und wurden hier gemäß ihrem Schwerpunkt eingeordnet. Jedes Angebot umfasst eine Materialliste, eine Spielanleitung und ggf. Kopiervorlagen.

Rückmeldung:
Gern lese ich Ihre Meinung zu der Projektmappe **„Ich und du – wir beide“:** *jenny-huetter@web.de*

Ich wünsche Ihnen und Ihren Kindern eine schöne Zeit mit dem Projekt „Ich und du – wir beide“!

Jenny Hütter

Hinweis:
Aus Gründen der besseren Lesbarkeit wird im Folgenden auf eine sprachliche Differenzierung der Geschlechterbezeichnungen verzichtet. Da die Erzieher*innen in Kindertagesstätten zumeist weiblich sind, haben wir uns hier für die weibliche Form entschieden. Selbstverständlich sind stets alle Geschlechter angesprochen.

Vorbemerkungen und Arbeitshinweise

Zu den verwendeten Symbolen

Bildungsbereiche (jeweils das äußerste Symbol oben rechts auf den Arbeitsblättern):

 Sprachliche Bildung

 Musikalische Bildung

 Ästhetische Erziehung

 Umwelt-, Sach- und Naturbegegnung

 Gesundheit und Ernährung

 Mathematische Bildung

 Feste und Feiern

 Wahrnehmung und Entspannung

 Körpererfahrung und Bewegung

 Sozialerfahrungen

Sonstige Symbole:

 geeignet für die Begabtenförderung

 für unter 3-Jährige geeignet

Layout:

- Die Seiten mit den **Kindern** im Layout unten rechts sind für die Erzieherin gedacht.

- Die Seiten mit den **Herzen** unten rechts sind Arbeitsblätter, die direkt mit den Kindern bearbeitet werden können.

Tipps, Anregungen und Sachinformationen zu den einzelnen Angeboten

Zum Umgang mit den Arbeitsblättern:
Diese Projektmappe enthält einige Arbeitsblätter, deren Aufgabenstellung Sie mit den Kindern in Kleingruppen besprechen (vorlesen) müssen.
Das Lösen der einzelnen Aufgaben kann gut in Kleingruppen erfolgen. Hier könnten sich, passend zum Thema, immer zwei Kinder zusammenfinden, die das Arbeitsblatt gemeinsam lösen.
Für die Aufbewahrung der Arbeitsblätter empfehle ich, je nach Gruppensituation und organisatorischen Bedingungen, verschiedene Möglichkeiten:

- Ablagefächer (alternativ unifarben gestaltete Deckel von Kopierpapierkartons): Die Kinder haben so freien Zugriff auf die darin sortierten Arbeitsblätter und können ihre Aufgabe selbst auswählen.
- Jedes Kind verfügt über einen Schnellhefter, in den die Erzieherin regelmäßig nach Alter und Entwicklungsstand ausgewählte Arbeitsblätter (z. B. zwei Arbeitsblätter pro Woche) einheftet oder gemeinsam mit dem Kind aussucht. Die Kinder wählen die Zeit der Bearbeitung entweder frei oder es gibt festgelegte Zeiten (z. B. während der Mittagsruhe), innerhalb derer das Kind seine Arbeitsblätter bearbeiten kann.
- Die fertiggestellten Arbeitsblätter werden im Schnellhefter oder in einer Sammelmappe / einem Sammelordner abgeheftet bzw. gehören als Anlage zur Bildungsdokumentation oder zum Portfolio.

Allgemeine Informationen zu den Bastelarbeiten im Bereich „Ästhetische Erziehung“, ab S. 16:
Fotografieren Sie die Materialzusammenstellung und jeden einzelnen Arbeitsschritt. Kleben Sie die ausgedruckten Fotos mit der Auflistung der Materialien bzw. mit der dazugehörigen schriftlichen Arbeitsanweisung auf DIN-A5-Karten, nummerieren Sie die Karten in der richtigen Reihenfolge und laminieren Sie diese. So erhalten Sie bebilderte Karten, die Ihre Kinder zum selbstständigen Arbeiten motivieren. Diese Arbeitsanweisung kann auch wieder für jedes Kind kopiert und als Anlage in das Portfolio geheftet werden.

Vorbemerkungen und Arbeitshinweise

Lösung zum Arbeitsblatt „Tiere in der Natur", S. 20:
Tiere, die allein leben:
Maulwurf, Schnecke, Eichhörnchen, Spinne
Tiere, die mit anderen Artgenossen zusammenleben:
Biene (diese bilden Staaten; Ausnahme: Einsiedlerbienen), Vögel (häufig in Familienverbänden, zum Teil in Kolonien), Maus, Reh (im Sommerhalbjahr in kleinen Familienverbänden – die Ricke und ihre Kitze –, während des Winterhalbjahres bilden sie Kleingruppen (3–4 Rehe), sogenannte Sprünge), Käfer, Ente, Ameise

Zum Arbeitsblatt „Welche Tiere vertragen sich?", S. 21:
Dieses Arbeitsblatt kann in einer Kleingruppe von 2–5 Kindern gemeinsam erarbeitet werden. Die Aufgabe wird mit den Kindern besprochen – dabei können sich die Kinder erst einmal zu den einzelnen Tieren äußern und erzählen, was sie über diese Tiere wissen. Die Kinder erhalten dann die Aufgabe, diese Tiere am nächsten Tag zu beobachten. Dies kann beim Spiel auf dem Außengelände geschehen oder auch auf einem Spaziergang. Vielleicht können auch Kinder zu Hause ein oder zwei Tiere beobachten. Am nächsten Tag werden diese Beobachtungen zusammengetragen und das Arbeitsblatt kommt zum Einsatz. Gemeinsam überlegen die Kinder, welche Tiere friedlich miteinander auskommen und welche Tiere sich jagen.
Können die Kinder zu keiner Lösung kommen, sollte man mit ihnen ein Buch zurate ziehen. So lernen die Kinder auf spielerische Weise, Lösungen für ein Problem zu finden.
Tiere, die sich vertragen:
Eichhörnchen und Maus, Schnecke und Ameise, Vogel und Eichhörnchen, Reh und Maus
Tiere, die sich jagen:
der Vogel den Regenwurm, der Maulwurf den Käfer, der Maulwurf den Regenwurm, der Frosch die Fliege

Zu den Rezepten im Bereich „Gesundheit und Ernährung", ab S. 23:
Zu den Rezepten finden Sie auf der Seite 25 Bilder mit allen bei den Rezepten verwendeten Zutaten und Haushaltsgeräten sowie Pfeilen, mit deren Hilfe Sie die Rezepte bei Bedarf als großes Plakat gestalten können. Vergrößern Sie dazu die benötigten Zeichnungen auf dem Kopierer. Mit den vorhandenen Bildern können Sie auch Bildrezepte auf einem DIN-A4-Blatt erstellen, für jedes Kind kopieren und in einem Schnellhefter sammeln. So erhalten die Kinder eine eigene Bild-Rezept-Mappe, die auch wieder als Anlage in das Portfolio geheftet werden kann.
Achtung: Bitte achten Sie bei allen Rezepten auf eventuelle **Lebensmittelunverträglichkeiten** der Kinder!

Zum Hermannkuchen, S. 23 / 24:
Der Hermannteig wird, wenn er einmal angesetzt wurde, immer wieder geteilt und an liebe Freunde oder Verwandte weitergereicht, ähnlich einem Kettenbrief. Dazu gibt es eine genaue Anleitung, den Hermannbrief. Hier steht beschrieben, wie der Teig „gefüttert", weiterverarbeitet und schließlich gebacken wird. Vorher aber wird ein Teil des Teiges abgeteilt und verschenkt. In Deutschland ist dieser Teig etwa seit den 1980er Jahren bekannt. Der Hermannteig ist ein Sauerteig, der Hefe und Milchsäurebakterien enthält. Diese beiden Komponenten sorgen für einen ständigen Gärungsprozess, der den Hermannkuchen zu etwas Besonderem macht. Wichtig ist, dass der Hermannteig nicht in Metallschüsseln verarbeitet oder aufbewahrt wird. Auch das Umrühren wird am besten mit einem Holzlöffel gemacht.
Der Ansatz des Hermannteigs kann im Kindergarten mit vier Kindern hergestellt werden. Da der Kuchen nach der Ruhezeit geteilt wird, dürfen die Kinder „ihren" Anteil des Hermannteigs entweder mit nach Hause nehmen und dort mit ihren Eltern backen oder ein Teil wird im Kindergarten gebacken und die anderen drei Teile werden verschenkt.

Zum Arbeitsblatt „Freundschaftskette", S. 28:
Nachdem die Kinder das Arbeitsblatt ausgefüllt haben, können sie dazu angeregt werden, die gemalte Freundschaftskette als Perlenkette aufzufädeln.

Vorbemerkungen und Arbeitshinweise

Zum Bereich „Feste und Feiern", ab S. 29:
Als Abschluss des Projektes bietet sich ein Freundschaftsfest an, das zusammen mit Eltern und Kindern gefeiert wird.
Ein möglicher Ablauf wäre:
Die Sonnenblume aus Handabdrücken (s. S. 16) wird fotografiert und auf ein in der Mitte gefaltetes DIN-A4-Blatt geklebt. Hier hinein wird eine Einladung an die Eltern zu einem „Freundschaftsfest" geschrieben.
Zum Fest werden die Eltern mit dem Theaterstück von den Bremer Stadtmusikanten (ab S. 32) begrüßt, welches die älteren Kinder einstudiert haben (alternativ könnte man das Fest auch mit der Feier eines gemeinsamen Gottesdienstes (ab S. 29) beginnen).
Als Nächstes dürfen sich Kinder und Eltern an verschiedenen Spielstationen austoben. Hierfür eignen sich folgende Aktionen:
- Gemeinschaftsbild (S. 17) – hierzu wird eine große Leinwand aufgestellt. Diese wird in etwa 80 Kästchen (je nach Anzahl der Mitfeiernden) unterteilt. Jede Person darf im Verlauf des Festes ein Kästchen mit einem beliebigen Motiv bemalen.
- Freundschaftsbänder flechten (S. 17)
- Wir sind Freunde (S. 18)
- Das Stethoskop basteln (S. 22) und sich gegenseitig abhören
- Das große Freunde-Würfelspiel (S. 46)
- Ein Büffet mit von den Kindern für ihre Eltern gebackenen Freundschaftsplätzchen (S. 23)

Zum Abschluss des Festes singen die Kinder ein Lied für die Eltern (z. B.: Wollt ihr wissen? S. 14).

Zum Wortgottesdienst „Jesus, der Menschenfischer", ab S. 29:
Folgende Bibelstellen bieten sich zum Thema „Ich und du – wir beide" an:

Freundschaft und Vertrauen:
- Psalm 133
- Das Buch der Sprüche 17; 17
- Rut 1; 16
- Johannes 15; 12–13
- Matthäus 28; 20

Einander achten und respektieren:
- Der Brief an die Philipper 2; 3–4
- Johannes 13; 34

Streit:
- Das Buch der Sprüche 27; 6

Zum Theaterstück „Die Bremer Stadtmusikanten", ab S. 32:
Zur Einführung in das Theaterstück sollte das Projektthema schon eine Zeitlang mit den Kindern bearbeitet worden sein. Es bietet sich an, die Kinder erzählen zu lassen, was sie unter Freundschaft verstehen und was einen guten Freund ausmacht. Anschließend kann man den Kindern die Geschichte von vier Tieren erzählen, die sich erst kennenlernen und schließlich zu Freunden werden, die immer zueinanderhalten (= die Geschichte der Bremer Stadtmusikanten). Diese vier merken, dass sie allein nicht viel erreichen können, aber am Ende ganz viel zusammen schaffen.

Vorbemerkungen und Arbeitshinweise

Weiterführende Literatur (Bilderbücher):

Thema *„Sich streiten und vertragen“:*
- „Die kleinen Streithammel oder Wie man Streit vermeiden kann“ von Bärbel Spathelf und Susanne Szesny, albarello Verlag, Haan, 2005
- „Lea Wirbelwind und der Streit im Kindergarten“ von Christine Merz und Betina Gotzen-Beek, Carlsen, Hamburg, 2010 (nur noch gebraucht erhältlich)
- „Mit dem spielen wir nicht!“ von Sylvia Schopf und Manfred Tophoven, Annette Betz Verlag, Wien, 2009
- „Murmel will sich wieder vertragen“ von Astrid Krömer, Kerle, Freiburg, 2007 (nur noch gebraucht erhältlich)
- „Nie wieder Stunk im Kinderzimmer“, in: „Jetzt ist alles wieder gut! Bilderbuchgeschichten übers Streiten, Nörgeln, Trotzigsein“ von Friederun Reichenstetter, Clara Suetens und Carola Wimmer, Arena Verlag, Würzburg, 2009 (nur noch gebraucht erhältlich)
- „Morgen bestimme ich!“ von Jörg Mühle, Moritz Verlag, 2024 (Dazu ist ein Literacy-Projekt des BVK Buch Verlag Kempen erhältlich, Bestell-Nr.: KI162.)

Thema *„Miteinander teilen“:*
- „Bär sagt Danke!“ von Karma Wilson und Jane Chapman, Loewe Verlag, Bindlach 2013
- „Beste Freunde teilen alles, Buddy Bär!“ von Greta Carolat und Susanne Mais, Arena Verlag, Würzburg, 2002 (nur noch gebraucht erhältlich)
- „Mein Schatz. Nein, meiner! Oder wie man gerecht teilt“ von Julia Volmert und Pia Eisenbarth, albarello Verlag, Haan, 2005
- „Zwei für mich, einer für dich“ von Jörg Mühle, Moritz Verlag, 2018 (Dazu ist ein Literacy-Projekt des BVK Buch Verlag Kempen erhältlich, Bestell-Nr.: KI143.)

Thema *„Wenn jemand anders ist“:*
- „Der Rabe, der anders war“ von Edith Schreiber-Wicke und Carola Holland, Thienemann Verlag, Stuttgart, 1994
- „Irgendwie Anders“ von Kathryn Cave und Chris Riddell, Oetinger Verlag, Hamburg, 1997
- „Vom Fuchs, der ein Reh sein wollte“ von Kirsten Boie und Barbara Scholz, Oetinger Verlag, Hamburg 2019

Thema *„Sich gegenseitig helfen“:*
- „Buddy Bär hilft seinem besten Freund“ von Greta Carolatt und Susanne Mais, Arena Verlag, Würzburg, 2005

Thema *„Freunde finden“:*
- „Dudu findet einen Freund“ von Annette Swoboda, Fischer Schatzinsel, Frankfurt, 2001
- „Lukas im Kindergarten oder wie man einen Freund findet“ von Julia Boehme und Kerstin Völker, Baumhaus Verlag, Frankfurt, 2005 (nur noch gebraucht erhältlich)
- „Wie der Schneemann einen Freund bekam“ von Christina Butler und Tina Macnaughton, Brunnen Verlag, Gießen, 2007
- „Zwei beste Freunde halten zusammen“ von Julia Volmert, Albarello Verlag, Haan 2015

Geschichte „Zwei ungewöhnliche Freunde“ (1) (ab 3 Jahren)

In der Nähe eines Waldes auf einer großen, grünen Wiese hatte die Familie Mäuserich ihren Bau. Auf diesen Bau war die Familie Mäuserich sehr stolz, denn es hatte lange gedauert, diesen fertigzustellen. Viele Gänge waren gebuddelt worden und verzweigten sich voneinander, sodass die Familie einen riesengroßen, unterirdischen Bau ihr Eigen nennen konnte. Familie Mäuserich war eine sehr große Familie. Die Kinder der Familie Mäuserich führten ein sehr schönes Leben. Sie spielten Fangen und Verstecken in den vielen Gängen des Baus, aßen sich rundherum satt an dem leckeren Gras und den Kräutern auf der Wiese und hatten immerzu jemanden zum Spielen, denn, wie gesagt, die Familie Mäuserich war sehr groß.

Nur Hänsel, der Jüngste der Familie Mäuserich, war keine fröhliche Maus.
Er spielte nicht mit den anderen Jungmäusen, denn die lachten ihn immer nur aus. Hänsel war nämlich eine sehr merkwürdige Maus. Er hatte kein schönes, braunes oder graues Fell, nein, sein Fell war schwarz mit weißen Flecken. Dazu kam noch, dass seine Ohren eine sehr seltsame Form hatten, nicht klein und rund wie bei den anderen. Hänsels Ohren waren lang. „Wie bei einem Hasen!“, lachten die anderen ihn immerzu aus. Ein anderes Problem war, dass Hänsel der Kleinste war und seine Geschwister schon viel älter waren.

Jeden Tag sah Hänsel den anderen Mäusen beim Spielen zu und war sehr traurig, dass ihn keiner mitspielen ließ.
Eines Tages ging Hänsel auf der Wiese spazieren und lief dabei in den nahegelegenen Wald hinein. Er war so traurig, dass er bei den anderen nicht mitspielen durfte, dass er gar nicht mehr auf den Weg achtete. Hänsel lief und lief immer weiter. Irgendwann wurde Hänsel müde und legte sich zu einem kleinen Nickerchen unter einen Baum. Als er wieder aufwachte, war es bereits dämmerig. „Oje, wie bin ich denn hierher gekommen?“, dachte Hänsel, der nun gar nicht mehr wusste, wo er war. Auf einmal hörte Hänsel ein lautes Knacken über seinem Kopf. Und ehe er sich versah, kam ein pelziges Ungeheuer auf ihn herabgeflogen. Mit einem lauten Schrei landete es neben Hänsel. Dieser schrie vor Schreck laut auf. Da öffnete das pelzige Etwas die Augen und fragte verwundert: „Warum schreist du denn so, hast du etwa noch nie ein Eichhörnchen von einem Baum fallen sehen?“ „Ehrlich gesagt, nein“, antwortete Hänsel, der nun sah, dass das pelzige Etwas wohl doch kein Ungeheuer, sondern ein Eichhörnchen war.

„Was machst du denn da?“, fragte Hänsel, nun neugierig geworden. „Ich übe Klettern“, gab das Eichhörnchen unwirsch zurück. „Ich denke, das könnt ihr Eichhörnchen von Natur aus?“, fragte Hänsel nach. „Aber nun ja, ich sollte wohl nicht allzu viel sagen, schließlich sehe ich auch nicht aus wie eine normale Maus.“
Da musste das Eichhörnchen dann doch etwas schmunzeln. „Na das stimmt wohl! Ich bin übrigens Hüpfer. Und wer bist du?“ Als Hänsel ihm seine Geschichte erzählt hatte, sagte Hüpfer: „Hey, dann lass uns doch Freunde sein, ich bin auch anders als die anderen Eichhörnchen. Die lachen mich immer aus, weil ich nicht so gut klettern kann.“ Hänsel war begeistert von der Idee. Und von diesem Tag an sah man die beiden nur noch gemeinsam durch Wälder und Wiesen streifen. Hänsels Familie staunte nicht schlecht, als er seinen neuen Freund mit nach Hause brachte. Hüpfer erwies sich als erstaunlich geschickter Kriecher, der sich auch durch die engsten Gänge der Mäusefamilie hindurchwinden konnte. Anders herum brachte Hüpfer Hänsel bei, wie man auf Bäume klettert und auf den Zweigen ein Schläfchen hält. Hänsel lernte das Klettern erstaunlich schnell, nur das Hüpfen von Ast zu Ast, das wollte ihm nicht so recht gelingen. Aber das war den beiden egal.
Schau einmal auf deinem nächsten Waldspaziergang, ob du die beiden vielleicht auf den Zweigen der Bäume entlanghuschen siehst ...

BVK • Jenny Hütter: Kita aktiv „Projektmappe Ich und du – wir beide“

Geschichte „Zwei ungewöhnliche Freunde“ (2) (ab 3 Jahren)

ab 3 Jahren:
Die Geschichte wird vorgelesen. Zur Vertiefung des Themas bieten sich folgende Fragen an, um mit den Kindern ins Gespräch zu kommen:

- Ging es dir auch schon einmal wie Hänsel und du wurdest von anderen Kindern ausgelacht?
- Warum wurdest du ausgelacht?
- Wie hast du dich in der Situation gefühlt?
- Hast du auch schon einmal erlebt, dass du nicht mitspielen durftest?
- Wie hast du dich in dieser Situation gefühlt?
- Gibt es Dinge, die du nicht so gut kannst wie andere?

ab 4 Jahren: Im Anschluss an das Vorlesen der Geschichte wird diese mit den Bildkarten nacherzählt.

Material:
Kopiervorlage Bildkarten (s. S. 9), 1 Schere, Kleber, 1 Blatt Papier, evtl. 1 Laminiergerät und -folie

Vorbereitung: Die Bildkarten werden kopiert und ausgeschnitten. Sie können evtl. laminiert werden.

Spielmöglichkeit: Ein Kind erhält die Bildkarten und erzählt der Erzieherin, was auf den einzelnen Bildern zu sehen ist. Dabei sollte man es dazu ermutigen, in ganzen Sätzen zu sprechen und alles möglichst genau zu beschreiben. Nun soll das Kind die Bildkarten in die richtige Reihenfolge legen und der Erzieherin die Geschichte, die auf den Bildern dargestellt ist, erzählen. Zum Schluss können die Karten auf ein Blatt Papier geklebt werden.

Gruppen-Memo-Spiel

Material:
1 Fotoapparat, 1 Drucker, 1 Laminiergerät und -folie, 1 Schere

Vorbereitung: Von jedem Kind in der Gruppe wird ein Foto gemacht. Dieses wird pro Kind zweimal ausgedruckt. Alle Fotos werden auf das Maß 5 x 5 cm zurechtgeschnitten und laminiert.

Durchführung:
Für das Spiel werden die Karten verdeckt auf den Tisch gelegt und es wird nach den üblichen Memo-Spielregeln gespielt, mit einer Ausnahme: Das erste Kind dreht zwei Karten um und erzählt, wer auf den Bildern zu sehen ist. Das Kind kann auch (je nach Alter und Entwicklungsstand) dazu ermuntert werden, etwas über eines der aufgedeckten Kinder zu erzählen, zum Beispiel: Hast du schon einmal mit diesem Kind gespielt? Was habt ihr zusammen gemacht? Was gefällt dir besonders gut an diesem Kind? Habt ihr auch schon einmal gestritten? Wie habt ihr den Streit gelöst? Wenn du noch nie mit diesem Kind gespielt hast, mit wem spielt dieses Kind meistens? Weißt du, womit dieses Kind gerne spielt? … Auf diese Weise kann das Spiel dazu genutzt werden zu sehen, wie die einzelnen Gruppenmitglieder mit anderen Kindern umgehen, welche Sichtweisen über das eine oder andere Kind vorhanden sind etc.

Klatsch-Memo-Spiel (Variante für jüngere Kinder):
Deckt ein Kind zwei verschiedene Karten auf, dreht es nur eine wieder um. Deckt ein Kind nun eine Karte auf, die zu der bereits aufgedeckten Karte gehört, muss man blitzschnell auf die doppelte Karte klatschen. Wer zuerst mit der Hand auf die Karte geklatscht hat, darf das Pärchen behalten.

BVK • Jenny Hütter: Kita aktiv „Projektmappe Ich und du – wir beide“

Kopiervorlage zur Geschichte „Zwei ungewöhnliche Freunde“

(Bitte bei Bedarf hochkopieren.)

Kopiervorlage zu „Streitgeschichten“

(Bitte bei Bedarf hochkopieren.)

BVK • Jenny Hütter: Kita aktiv „Projektmappe Ich und du – wir beide“

Streitgeschichten (ab 3 Jahren)

Material:
Kopiervorlage „Streitgeschichten“ (s. S. 9), 1 Schere, evtl. 1 Laminiergerät und -folie

Vorbereitung:
Die Seite mit den Bildkarten wird kopiert und ausgeschnitten. Zudem können sie laminiert werden, damit sie länger halten.

Spielmöglichkeit:
Die Kinder erzählen, was auf den Bildern zu sehen ist. Dabei sollte man sie dazu ermuntern, in ganzen Sätzen zu sprechen. Nachdem die Kinder spontan erzählt haben, was auf einem Bild zu sehen ist, können weitere Fragen gestellt werden, um sie zum Sprechen zu ermuntern.
Die Bildkarten können auch genutzt werden, um mit den Kindern über Streitsituationen zu sprechen, die sich im Kindergartenalltag ereignet haben.

1. Bild:
- Was genau siehst du auf dem Bild?
- Was machen die Kinder auf dem Bild?
- Hast du dich schon einmal mit jemandem um ein Spielzeug gestritten?
- Wie hast du dich dabei gefühlt?
- Was habt ihr in dieser Situation gemacht? Wie ging es dir danach?
- Was könnte man noch machen, um diese Situation ohne Streit zu lösen?

2. Bild:
- Was genau siehst du auf dem Bild?
- Was machen die Kinder auf dem Bild?
- Machen alle Kinder mit?
- Was meinst du, wie sich das einzelne Kind fühlt?
- Hast du schon einmal erlebt, dass du nicht mitspielen durftest?
- Wie ging es dir dabei?
- Hast du schon einmal jemanden nicht mitspielen lassen?
- Kennst du Kinder, die nie bei anderen mitspielen dürfen?

3. Bild:
- Was siehst du auf dem Bild?
- Was machen die Kinder?
- Was meinst du, wie fühlt sich das Kind, das abseits steht?
- Hast du so eine Situation auch schon einmal erlebt?
- Wie ging es dir dabei?
- Hast du schon einmal jemanden ausgelacht?
- Kennst du jemanden, der schon einmal ausgelacht worden ist?

Die unendliche Geschichte (ab 5 Jahren)

Material:
1 Wollknäuel, evtl. Stifte, Malpapier und 1 Schnellhefter

Durchführung:
Die Kinder sitzen im Kreis. Die Erzieherin hält ein Wollknäuel in der Hand.
Aufgabe ist es, gemeinsam eine Geschichte zu einem beliebigen Thema zu erfinden.
Die Erzieherin macht den Anfang und sagt einen Satz, mit dem die Geschichte beginnt, zum Beispiel:
„Der kleine Hans ging einmal in den Wald …"
Nun wird das Wollknäuel zu einem Kind geworfen, wobei die Erzieherin das Ende des Fadens in der Hand behält. Das Kind erzählt nun die Geschichte weiter, zum Beispiel: „Er erschrak ganz fürchterlich, als er auf einmal ein Geräusch hörte …" Das Kind behält wiederum den Faden in der Hand und wirft das Wollknäuel zu einem anderen Kind. Dies geht so lange weiter, bis jeder ein Stück Faden in der Hand hält und seinen Teil zu der Geschichte beigesteuert hat.

Hinweise:
Da besonders der Schluss sehr schwierig ist, sollte das Wollknäuel am Ende noch einmal zur Erzieherin geworfen werden, damit diese die Geschichte ggf. beenden kann. Wenn ein Kind keine Idee hat, so können natürlich andere Kinder Tipps geben, die das Kind für seinen Teil der Geschichte übernehmen kann. Je öfter man diese Form des Geschichtenerzählens ausprobiert, desto sicherer werden Kinder darin und sprudeln förmlich über vor Ideen. Das Wollknäuel ist dafür da, dass die Kinder sehen, welches Kind bereits etwas erzählt hat und wer noch nicht an der Reihe war.

Weiterführende Ideen:

1. Ein Bilderbuch gestalten
Jedes Kind soll ein Bild zu der Geschichte malen. Dazu wird die Geschichte noch einmal von der Erzieherin wiederholt und in Sequenzen eingeteilt. Jedes Kind übernimmt eine dieser Sequenzen und malt dazu ein Bild.
Die Erzieherin schreibt den jeweiligen Teil der Geschichte auf die gemalten Blätter. Dann werden diese, chronologisch sortiert, in einen Schnellhefter eingeheftet. Das fertige „Buch" kann in die Leseecke gelegt werden, sodass alle Kinder und Eltern es in den nächsten Tagen betrachten können.

2. Freies Rollenspiel
Jedem Kind wird eine Rolle in der Geschichte zugeteilt. Die Erzieherin liest die Geschichte langsam vor. Die Kinder spielen ihre Rolle entsprechend der Geschichte.

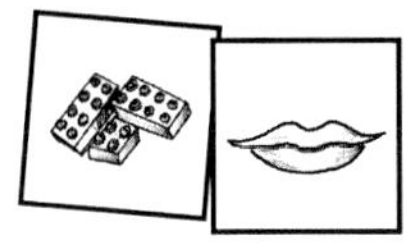

Fingerspiel „Fritz und Fratz“ (ab 2 Jahren)

Text: Jenny Hütter

Fritz und Fratz, die beiden, konnten sich ja gar nicht leiden.	*beide Daumen hochhalten*
Sie kratzten und sie schlugen sich und fühlten sich ganz fürchterlich.	*die Daumen „schlagen“ sich gegenseitig*
Doch eines Tages sah man dann: Sie fingen mit dem Spielen an.	*beide Daumen nebeneinander auf und ab bewegen*
Klettern, fangen und verstecken, in den wunderschönsten Ecken.	*beide Daumen nebeneinander von einer Seite zur anderen laufen lassen*
Sie spielten gern und mochten sich: Solche Freunde braucht das ICH.	*Daumen ineinander verhaken*
Freunde sind so wunderbar, das war den beiden von nun an klar.	*beide Daumen nebeneinanderhalten*

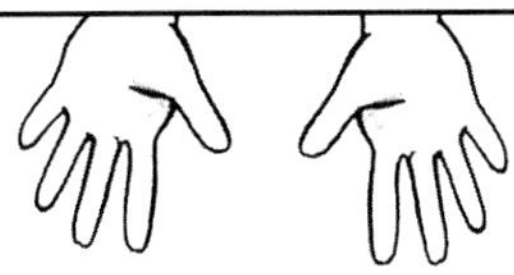

BVK • Jenny Hütter: Kita aktiv „Projektmappe Ich und du – wir beide“

Freundschaft ist, wenn … (ab 3 Jahren)

Vorbereitung: Im Kreis werden die Kinder gefragt, was ihnen zum Thema „Freundschaft“ alles einfällt. Die Kinder dürfen (nacheinander) erzählen, zum Beispiel:

- Wen kannst du besonders gut leiden?
- Was macht ein Freund, wenn es dir nicht gut geht?
- Was machst du besonders gern mit deinem Freund / deiner Freundin?
- Was magst du an deinem Freund / deiner Freundin?

Spielmöglichkeit:
Die Kinder sitzen im Kreis. Die Erzieherin fragt das Kind zu ihrer Rechten: „Freundschaft ist, wenn …“. Dieses Kind steht auf und holt sich einen Freund in die Mitte.
Jetzt antwortet das Kind auf die Frage und darf danach (natürlich nur, wenn es das möchte) seinen Freund umarmen. Beispiele für mögliche Antworten sind: „… wir zusammen mit den Puppen spielen, … wir zusammen zum Spielplatz gehen, … du mich tröstest, … du mich zu deinem Geburtstag einlädst, … ich mit dir ein Geheimnis teile, … wir zusammen Eis essen gehen, … ich dir von meinem Streit mit Mama erzählen kann …“
Dann setzt sich das Kind, das geantwortet hat, und fragt nun seinerseits das Kind in der Mitte: „Freundschaft ist, wenn …“ Dieses Kind antwortet und reagiert wie oben.

Hinweis:
Die Erzieherin sollte am Ende der Runde an die Reihe kommen, da sie so die Möglichkeit hat, ein Kind auszuwählen, das vielleicht noch nicht in der Mitte war.

BVK • Jenny Hütter: Kita aktiv „Projektmappe Ich und du – wir beide“

Klanggeschichte „Klix und Klax – die Streithähne“ (ab 3 Jahren)

Material:
Klangstäbe, Trommel, Klangschale (alternativ: Xylophon, Handzimbeln oder Triangel), Rassel (alternativ: Schellenkranz oder Regenmacher), Gitarre, Flöte

Die Geschichte:
Die **Klangstäbe Klix und Klax** schauen sich wütend an. Die beiden haben sich gerade ganz fürchterlich gestritten. „Du bist doof!“, „Nein du!“, hört man von ihnen. „Ach geh doch, ich such’ mir einen neuen Freund“, sagt Klax und läuft davon.
Er ist wütend auf Klix, weil dieser nicht dasselbe spielen möchte wie er.
Nach einiger Zeit trifft Klax auf die **Trommel:** „Hey Trommel, möchtest du mein neuer Freund sein?“ „Na wo ist denn dein Freund hin, mit dem du sonst immer spielst?“, fragt die Trommel. „Ach, der ist doof“, antwortet Klax, „lass uns zusammen spielen.“
Und schon beginnt Klax, auf die Trommel zu klopfen, so, wie er dies sonst auch immer mit Klix macht. „Hey, hör auf, du machst mir nur mein Fell kaputt. Geh und such dir jemand anderes“, ruft die Trommel wütend, „ich bleib’ lieber bei meinem Schlägel, der ist nicht so grob!“

Traurig geht Klax weiter. Er trifft auf die **Klangschale:** „Hey Klangschale, möchtest du mein neuer Freund sein?“ Aber als Klax auf die Klangschale klopft, klingt diese ganz fürchterlich. „Ach nein, geh lieber. Dein Holz klingt gar nicht schön, ich bleib’ lieber bei meinem Klöppel!“, sagt die Klangschale.

Enttäuscht geht Klax weiter. Er trifft auf die **Rassel:** „Hey Rassel, möchtest du mein neuer Freund sein?“ Aber als Klax auf die Rassel klopfen will, ruft diese nur entsetzt: „Oh nein, hau ab, ich werde doch nicht geschlagen. Ich werde geschüttelt, du Grobian!“

Und wieder muss Klax weiterziehen. Da entdeckt er die **Gitarre,** die allein an einem Baum lehnt: „Hey Gitarre, möchtest du mein neuer Freund sein?“ Als Klax auf die Seiten hauen will, ruft die Gitarre entsetzt: „Halt! Stopp! Ich bin doch nicht zum Daraufschlagen. Meine Seiten müssen gezupft oder sanft angespielt werden. Geh bloß weg!“
Klax ist den Tränen nahe, enttäuscht geht er weiter.

Da trifft er auf die **Flöte:** „Hey Flöte, möchtest du mein neuer Freund sein?“ Klax will gerade auf die Flöte klopfen, da flötet sie schnell: „Nein, bloß nicht! Wer mit mir spielen will, muss gut pusten können. Das kannst du nicht!“

Und wieder muss Klax enttäuscht weiterziehen. Mittlerweile weiß er gar nicht mehr, was er tun soll. „So ein Mist, eigentlich hat mit Klix alles immer super geklappt. Warum mussten wir uns nur streiten?“ Da hört Klax auf einmal ein leises Weinen. Er geht vorsichtig darauf zu. Und was sieht er da? Es ist Klix, der auf der Wiese hockt und vor sich hin weint. Schnell rennt Klax zu ihm: „Hallo Klix. Es tut mir leid. Wollen wir uns wieder vertragen?“
Freudig steht Klix auf und beide spielen zusammen ihr Lieblingslied. Nach und nach kommen die anderen Instrumente mit dazu. Sie freuen sich auch, dass die beiden sich wieder vertragen haben und stimmen in das fröhliche Lied mit ein.

Spielmöglichkeit:
Die Kinder sitzen im Kreis. Die Erzieherin verteilt die Instrumente, dabei sollte jedes Kind ein Instrument bekommen. Ist die Kindergruppe größer, kann die Geschichte um die alternativ genannten Instrumente erweitert werden.
Die Erzieherin liest oder erzählt die Geschichte. Das Kind mit dem Klangstab geht von Instrument zu Instrument und klopft an den passenden Stellen auf das jeweilige Instrument (Aber aufgepasst! Einige Instrumente sind empfindlich!). Zum Schluss findet es den anderen Klangstab wieder.
Am Ende der Geschichte kann gemeinsam ein Lied gesungen werden, das auf den Instrumenten begleitet wird. Dabei nimmt man am besten eines, das alle Kinder gut kennen.

Wollt ihr wissen? (ab 2 Jahren)

Text: Jenny Hütter
Melodie: traditionell nach „Wollt ihr wissen?“

2. Wollt ihr wissen, wollt ihr wissen, was zwei gute Freunde machen?
   Hüpfen hin, hüpfen her, hüpfen in unser'm Kreis.

3. Wollt ihr wissen, wollt ihr wissen, was zwei gute Freunde machen?
   Klatschen hier, klatschen da, klatschen in unser'm Kreis.

4. Wollt ihr wissen, wollt ihr wissen, was zwei gute Freunde machen?
   Patschen hier, patschen da, patschen in unser'm Kreis.

5. Wollt ihr wissen, wollt ihr wissen, was zwei gute Freunde machen?
   Stampfen hier, stampfen da, stampfen in unser'm Kreis.

Spielmöglichkeit:
Ein Kind geht in die Kreismitte und sucht sich ein zweites Kind aus, das sich zu ihm stellt. Die beiden überlegen sich eine Bewegung, die sie gemeinsam im Kreis machen möchten (in die Hände des anderen klatschen, sich zusammen drehen …) und singen die passende Strophe dazu. Es können natürlich auch noch andere Bewegungen als die oben genannten genommen werden.

Eine kleine Maus aus Mäuseniheim **(ab 2 Jahren)**

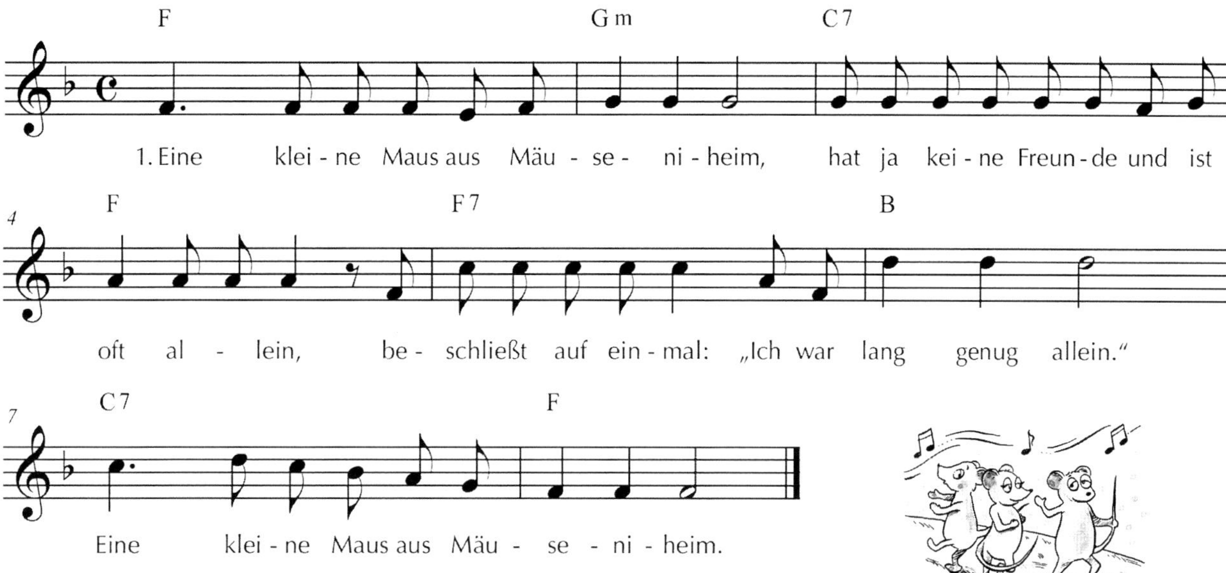

Text: Jenny Hütter
Melodie: traditionell nach „Drei Chinesen mit dem Kontrabass“

2. Eine kleine Maus aus Mäuseniheim,
zog dann in den Wald und traf Fleckilein:
„Sollen wir denn wohl gute Freunde sein?“,
fragt die kleine Maus aus Mäuseniheim.

3. Zwei kleine Mäuse aus Mäuseniheim,
liefen durch den Wald und spielten „fang mich fein“,
hatten so viel Spaß, war’n nie mehr allein,
zwei kleine Mäuse aus Mäuseniheim.

Handklatschspiele **(ab 3 Jahren)**

Spielmöglichkeit:
Jeweils zwei Kinder stehen sich gegenüber. Der Reim wird rhythmisch gesprochen, dabei werden folgende Bewegungen in demselben Rhythmus ausgeführt:
1 → in die eigenen Hände klatschen, 2 → die eigenen Hände gegen die Hände des Partners klatschen

Bei Meyers:

1 2 1 2 2 2 1 2 1 2 2 2
In Mey – ers Stube, Stube, Stube, da wohnt ein Bube, Bube, Bube

1 2 1 2 2 2 1 2 1
mit ei – nem Auto, Auto, Auto und ’nem Kran.

1 2 1 2 2 2 1 2 1 2 2 2
Da kam der Klaus, Klaus, Klaus aus Nach – bars’ Haus, Haus, Haus,

1 2 1 2 2 2 1 2 1 2 2 2
der spiel – te mit, mit, mit, das war der Hit, Hit, Hit.

Alle zusammen – eine Sonnenblume aus Handabdrücken (ab 2 Jahren)

Material:
1 große Fensterscheibe, Fingermalfarbe (gelb, braun und grün), 1 Pinsel für jede Farbe, kleine Schalen (z. B. Joghurtbecher) für jede Farbe, Malkittel

Arbeitsanleitung:
1. Etwas Farbe in die Schalen füllen. Eines der älteren Kinder zieht sich einen Malkittel an und malt in die Mitte der Fensterscheiben mit gelber Farbe einen großen Kreis. Anschließend malt es mit grüner Farbe einen Stiel an diese Blume.
2. Nun sucht sich das Kind einen Freund aus, der sich ebenfalls einen Malkittel überzieht. Dann malt sein Freund ihm eine Handinnenfläche mit gelber Farbe an (die Hände werden die Blütenblätter der Sonnenblume). Das Kind drückt nun seine Hand an den gelben Kreis auf das Fenster.
3. Nachdem es die Hände gewaschen hat, darf es sich das nächste Kind aussuchen und ihm die Handfläche anmalen. So geht es weiter, bis alle Kinder ihren Handabdruck an die Blume gedruckt haben. Mit grüner Farbe könnten 2–3 Kinder auch jeweils ein Blatt (ebenfalls einen Handabdruck) an den Stiel drucken. Das Kreisinnere wird mit brauner Farbe ausgemalt.

Hinweis:
Bei mehr als zehn Kindern können auch mehrere Blumen nebeneinander an die Scheibe gemalt werden. Man kann natürlich auch eine beliebige andere Blume auf die Fenster drucken. Sollten die Fenster nicht groß genug sein, können auch Tapetenbahnen oder große Tonpapierplakate verwendet werden, die dann im Gruppenraum aufgehängt werden.

Fühlbrett (ab 2 Jahren)

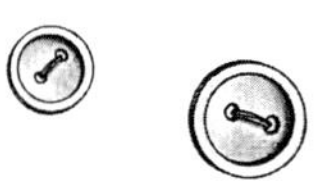

Material:
1 möglichst dünnes Holzbrett (beliebige Größe, am besten eignen sich dünne Spanplatten, weil diese relativ leicht sind), 1 Bohrmaschine, 2–4 Schrauben (je nach Größe und Gewicht des Brettes), 1 Schraubenzieher, 2–4 Dübel, 1 Heißklebepistole, kleine Materialien, die teilweise von den Kindern gesammelt werden können (Kronkorken, Äste, Moos, Steine, verschiedene Nüsse, Baumrinde, Tannenzapfen, Murmeln, Knöpfe, Strohhalme, kleine Tontöpfe, Muscheln, Korken, verschiedene Stoffe, Wolle, Schraubdeckel, kleine Joghurtbecher, Büroklammern etc.), evtl. getrocknete Erbsen und Eierschalen

BVK • Jenny Hütter: Kita aktiv „Projektmappe Ich und du – wir beide“

Arbeitsanleitung:
1. Die Kinder erhalten die Aufgabe, verschiedene Kleinmaterialen zu sammeln.
2. Mit Hilfe der Heißklebepistole (hier ist die Hilfe der Erzieherin nötig) werden die Materialien auf das Brett geklebt. Eventuelle Zwischenräume können mit Erbsen oder Eierschalen gefüllt werden.
3. Anschließend wird das Brett an die Wand geschraubt (auf die Höhe achten, auch die jüngeren Kinder sollten das Brett problemlos erreichen können).

Spielmöglichkeit:
Mit dem Fühlbrett wird zu zweit gespielt. Dazu schließt ein Kind die Augen, während das andere Kind eine Hand seines Partners zu einem Material des Fühlbrettes führt. Nun muss das Kind mit den geschlossenen Augen raten, um welches Material es sich handelt. Nach fünf Materialien werden die Rollen getauscht. Wer konnte das meiste erraten?

Gemeinschaftsbild (ab 4 Jahren)

Material:
Buntstifte, 1 sehr großes Blatt Papier, sodass alle Kinder um das Bild herumsitzen können, 1 CD-Player, ruhige Musik (Entspannungsmusik)

Arbeitsanleitung:
1. Die Kinder setzen sich um das Blatt herum. Sobald die Musik anfängt, dürfen die Kinder anfangen zu malen. Dabei ist es jedem selbst überlassen, was er malt.
2. Wenn die Musik stoppt, hören alle Kinder auf, an ihrem Bild zu malen (auch wenn dieses noch nicht fertig ist). Jedes Kind sucht sich nun einen anderen Platz, kein Kind darf an seinem Bild sitzen bleiben. Nun wird die Musik wieder angeschaltet und die Kinder malen an dem Bild weiter, das sie nun vor sich haben.
3. Zum Schluss wird mit den Kindern darüber gesprochen, wie sie sich dabei gefühlt haben, als sie ihr Bild nicht zu Ende malen durften. Was ist bei den einzelnen Bildern herausgekommen? Wurde das weitergemalt, was sich das Kind ursprünglich vorgestellt hat oder ist etwas ganz anderes weitergemalt worden? Wie haben sich die Kinder gefühlt, als sie vor einem fremden Bild saßen?

Hinweis:
Die Gruppe sollte aus maximal zehn Kindern bestehen.

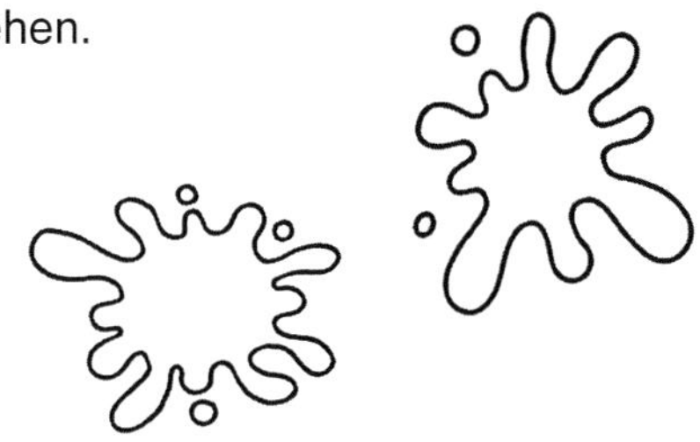

Freundschaftsbänder flechten (ab 4 Jahren)

Material:
Wolle in verschiedenen Farben, 1 Schere, Perlen, evtl. Sicherheitsnadeln

Arbeitsanleitung:
1. Es werden je drei gleich lange Wollfäden abgeschnitten. Die drei Enden werden miteinander verknotet. Nun muss jemand das geknotete Ende entweder festhalten oder es wird mit einer Sicherheitsnadel irgendwo befestigt.

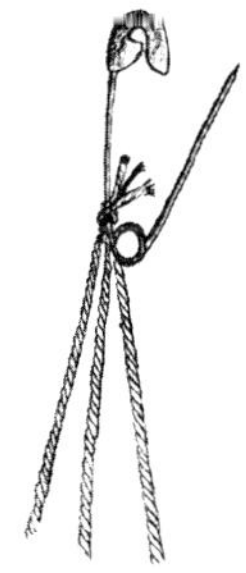

2. Dann werden die Wollfäden geflochten. Dazu den rechten Faden über den mittleren legen, dann den linken Faden über den mittleren usw.
3. Zwischendurch eine Perle auf einen Faden auffädeln und wie gehabt weiterflechten.
4. Zum Schluss wird das Ende verknotet. Dann kann das Freundschaftsband an einen guten Freund verschenkt werden.

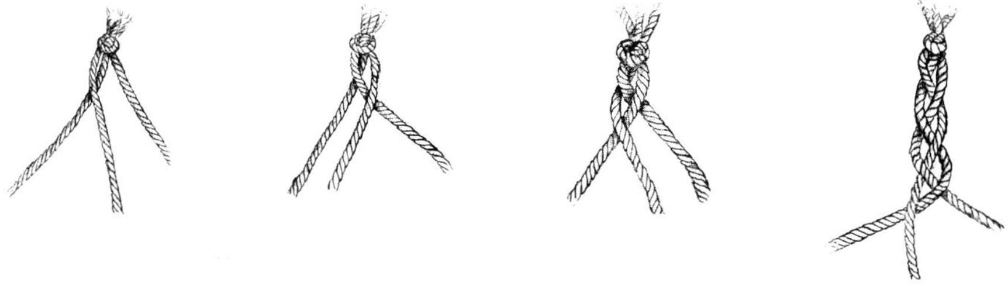

Wir sind Freunde (ab 2 Jahren)

Material:
1 Schaschlikspieß pro Kind, feste weiße Pappe, Kleber, 1 Schere, 1 Bleistift, 1 Lineal, Buntstifte

Arbeitsanleitung:

1. Mit dem Bleistift und dem Lineal werden zwei Quadrate (etwa 8 x 8 cm) auf die weiße Pappe aufgemalt.
2. Diese werden ausgeschnitten. Jedes Kind malt nun auf eines der Quadrate in die rechte Hälfte (evtl. vorab kennzeichnen) ein Bild von sich selbst. Auf das zweite Quadrat malt das Kind in die linke Hälfte ein Bild seines besten Freundes.
3. Dieses Stück Pappe wird nun auf der Rückseite mit Kleber bestrichen. Der Schaschlikspieß wird mittig daraufgeklebt. Dann wird das andere Pappquadrat dagegengeklebt.
4. Reibt man den Schaschlikspieß nun schnell zwischen den Händen, so sieht das Kind sich selbst und seinen besten Freund nebeneinanderstehen.

Tipp: Anstatt der selbst gemalten Bilder können auch Fotos verwendet werden. Dabei sollten allerdings keine Porträtfotos, sondern Ganzkörperfotos genommen werden, am besten vor demselben Hintergrund.

Wir entdecken Ähnlichkeiten (ab 3 Jahren)

Material:
weißer Tonkarton, Buntstifte

Arbeitsanleitung:

1. Jedes Kind malt auf den Tonkarton seinen Hand- oder seinen Fußabdruck.

2. Mit einem Buntstift schreibt es seinen Namen hinein. Jüngeren Kindern kann die Erzieherin dabei natürlich helfen.

3. Nun gehen die Kinder um die Abdrücke herum und probieren aus, ob ihre Hand oder ihr Fuß auch in einen der anderen Abdrücke passt. Wurde einer gefunden, so schreibt das Kind auch hier seinen Namen hinein.

4. Dann wird ein Kreis gebildet und über die Gemeinsamkeiten / Unterschiede gesprochen:
   - Gibt es andere Kinder, deren Hände so groß sind wie meine?
   - Gibt es andere Kinder, deren Füße so groß sind wie meine?
   - Ist mein Hand- oder Fußabdruck einzigartig innerhalb der Gruppe?
   - Gibt es noch andere Gemeinsamkeiten mit anderen Kindern? Welche sind das?
   - Was ist an dir einzigartig, was hat kein anderer außer dir?

Naturbeobachtung in der Tierwelt (ab 4 Jahren)

Material:
1 Lupe, 1 Bleistift, Vorlage „Tiere in der Natur“(s. S. 20), 1 Klemmbrett

Arbeitsanleitung:
Unter den Tieren gibt es einige, die allein leben und andere, die mit vielen ihrer Art in einem Rudel, einer Herde oder einer ähnlichen Gemeinschaft zusammenleben. Im Außengelände der Kita oder bei einem Waldspaziergang werden Beobachtungen zu den Tieren angestellt. Auf der Vorlage wird angekreuzt, welche Tiere zusammen mit anderen ihrer Art leben. Einen Kreis kann man um die Tiere malen, die allein anzutreffen sind.
In einem Gesprächskreis wird anschließend von allen zusammengefasst, welche Tiere entdeckt wurden und was man beobachten konnte.

Folgende Fragestellungen könnten dabei bearbeitet werden:
- Haben alle das Gleiche beobachtet?
- Woran könnte das gelegen haben?
- Welche Tiere konnten wir nicht entdecken?
- Wie können wir herausfinden, ob diese allein oder in einer Gruppe leben?

Geheime Botschaft an den Freund/die Freundin (ab 4 Jahren)

Material:
1 Blatt helles Papier und 1 gleichfarbiger Wachsmalstift (z. B. weißes Papier und ein weißer Wachsmalstift), 1 Becher mit Wasser, 1 Pinsel, Wasserfarben, 1 Kittel, Malunterlagen

Arbeitsanleitung:
Die Kinder malen mit dem Wachsmalstift ein Geheimbild für ihren Freund/ihre Freundin. Dabei sollten sie darauf aufmerksam gemacht werden, dass auf dem Bild zunächst noch nichts zu sehen ist (es ist ja schließlich geheim). Anschließend wird das Bild dem entsprechenden Freund überreicht. Dieser kann das Geheimbild sichtbar machen, indem er mit Wasserfarbe das ganze Bild übermalt.

Hinweis:
Die Wasserfarbe haftet nicht auf der Wachsschicht des Wachsmalstiftes. Auf diese Weise hebt sich das Bild von dem andersfarbigen Hintergrund der Wasserfarbe ab.

BVK • Jenny Hütter: Kita aktiv „Projektmappe Ich und du – wir beide“

Tiere in der Natur (ab 4 Jahren)

Male alle die Tiere an, die du zusammen mit anderen Artgenossen gesehen hast.

Welche Tiere vertragen sich? (ab 4 Jahren)

Unter den Tieren gibt es einige, die sich vertragen und andere, die sich jagen.

Male die Tiere in den Kästchen an, die sich vertragen!

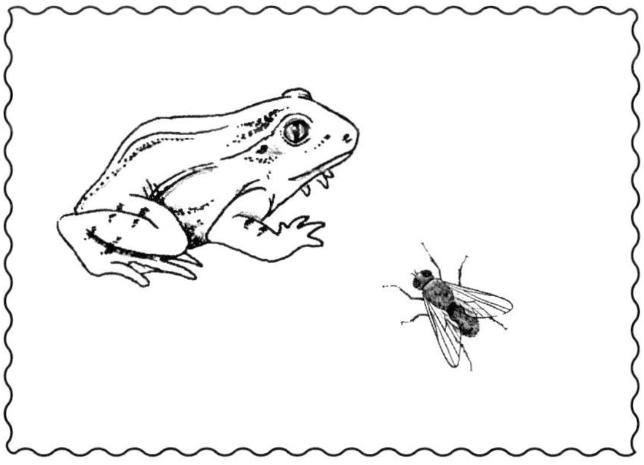

Das Stethoskop (ab 3 Jahren)

Material:
2 Trichter, 1 Stück Schlauch (50 – 60 cm lang, der Durchmesser sollte etwas größer sein als der Abfluss des Trichters), Isolierband, Arbeitsblatt „Wo hörst du Geräusche?“ (s. u.)

Arbeitsanleitung:
Die Trichter werden auf die Schlauchenden gesteckt. Diese werden mit Isolierband fixiert, damit der Schlauch nicht herausrutscht.

Spielmöglichkeit:
Ein Kind hält die Öffnung des Trichters an seinen Körper. Das andere Kind hält die Öffnung des zweiten Trichters an sein Ohr.
Die Kinder bekommen den Auftrag herauszufinden, an welcher Körperstelle man den Trichter halten muss, um Körpergeräusche des anderen zu hören. Diese Stellen können von älteren Kindern auf das Arbeitsblatt „Wo hörst du Geräusche?“ eingezeichnet werden.

Hinweis:
Ein Stethoskop wird von Ärzten verwendet, um zum Beispiel den Herzschlag oder die Lunge abzuhören.
Manchmal kann man sogar hören, wie der Magen arbeitet.

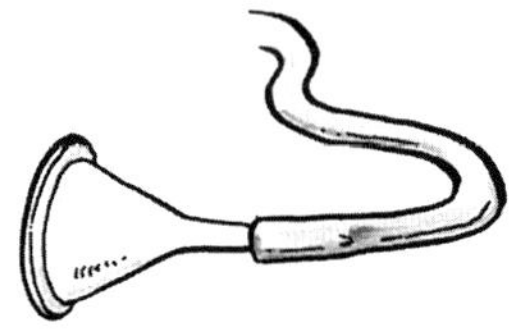

Wo hörst du Geräusche? (ab 4 Jahren)

Male die Stellen an, an denen du bei deinem Partner ein Geräusch hören konntest.

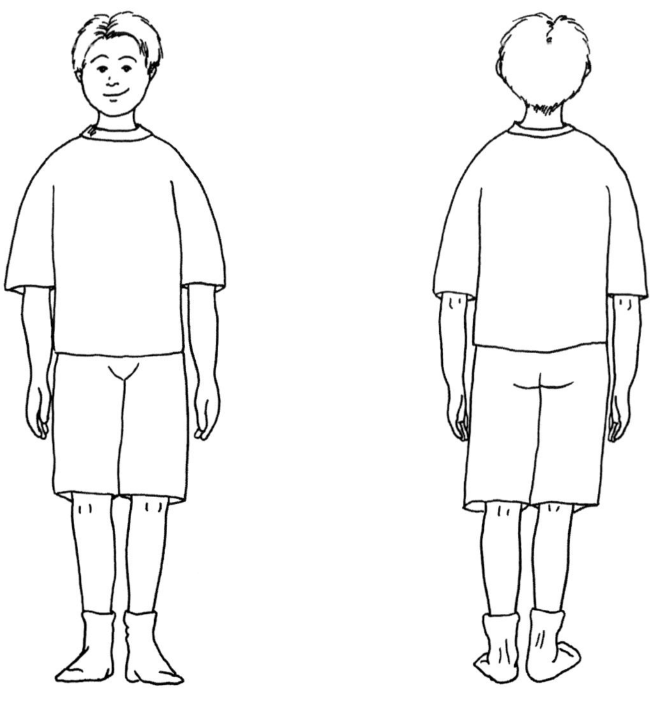

Hermannkuchen – das Grundrezept (ab 4 Jahren)

Zutaten:
100 g Weizenmehl, 1 EL Zucker, ½ Päckchen Trockenhefe, 150 ml lauwarmes Wasser

Arbeitsmittel:
1 hohe Plastikschüssel, 1 Sieb, 1 Küchenwaage, 1 Rührlöffel aus Holz oder Plastik, Kühlschrank, 1 Messbecher, 1 Geschirrtuch, 1 Esslöffel, Vorlage „Hermannkuchen – der Brief" (s. S. 24)

Das Mehl wird abgewogen und in eine Schüssel gesiebt. Als Nächstes wird die Trockenhefe dazugegeben und mit dem Mehl verrührt. Nun wird der Zucker in die Schüssel gegeben und ebenfalls verrührt.
Zum Schluss wird das Wasser dazugegossen und alles mit dem Rührlöffel zu einem glatten Teig verarbeitet. Das Geschirrtuch wird über die Schüssel gelegt. Nun muss der Teigansatz zwei Tage an einem warmen Ort gehen. Hin und wieder kann der Teig kurz umgerührt werden.
Am dritten Tag wird der Hermannteig in den Kühlschrank gestellt, wo er einen weiteren Tag verbringt.
Danach beginnt der erste Hermann-Tag und der Teig wird so gepflegt, wie es im Brief beschrieben ist.

Nach der Zubereitung für den Teigansatz werden noch folgende Zutaten benötigt (1 Tasse = 100 g / 150 ml):
4 Tassen Mehl, 2 ½ Tassen Zucker, 3 Tassen Milch, 1 Päckchen Backpulver, 1 Päckchen Vanillezucker, 1 Prise Salz, 3 Eier, ½ Tasse Öl, etwas Butter, 200 g Kuvertüre

Nach der Zubereitung des Teigansatzes werden noch folgende Arbeitsmittel benötigt:
Kühlschrank, 1 Holz- oder Plastiklöffel, 1 Tasse, 4 hohe Plastikschüsseln, 4 Geschirrtücher, 1 Backofen, 1 Kuchenform, 2 Backpinsel, 2 Kochtöpfe, 1 Herd, 1 Rührlöffel, 1 Sieb

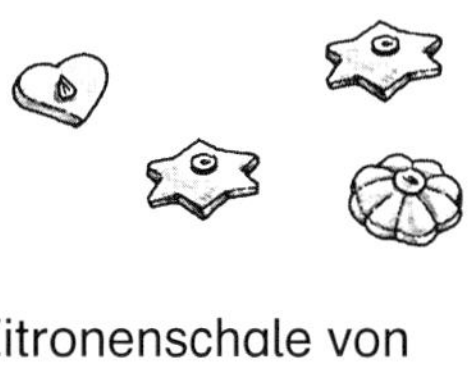

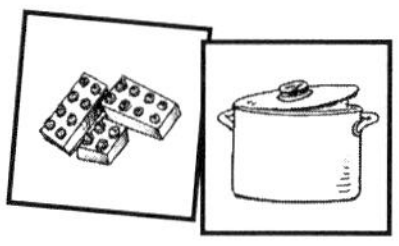

Freundschaftsplätzchen (ab 2 Jahren)

Zutaten:
250 g Butter, 200 g Zucker, 3 Eier, 1 Prise Salz, 500 g Mehl, abgeriebene Zitronenschale von einer Zitrone, 250 g Puderzucker, 2–3 Esslöffel Zitronensaft, zum Verzieren: bunte Schokolinsen, Gummibärchen, etwas zusätzliches Mehl, evtl. Lebensmittelfarbe

Arbeitsmittel:
1 Handrührgerät mit Rührhaken, 1 Schüssel, 1 Küchenwaage, Kühlschrank, Klarsichtfolie, 1 Teigrolle, Ausstechförmchen (Herz oder Kreis), Backpapier, 1 Backblech, Backofen, Topfhandschuhe, 1 Auskühlgitter, 1 kleine Rührschüssel, 1 Rührbesen, 1 Sieb, 1 Backpinsel, 1 Esslöffel, 1 Reibe, 1 Zitronenpresse

Die Butter und den Zucker mit dem Handrührgerät schaumig rühren. Danach die Eier, das Salz und die abgeriebene Zitronenschale untermengen, das Mehl hinzugeben und alles gut verkneten.
Der Teig wird in Klarsichtfolie gewickelt und für etwa eine Stunde in den Kühlschrank gelegt.
Die Arbeitsplatte mit Mehl bestäuben und den Teig darauf ausrollen. Nach Belieben werden jetzt Förmchen ausgestochen und auf ein mit Backpapier ausgelegtes Backblech gelegt.
Der Ofen wird auf 200 °C vorgeheizt und die Plätzchen auf mittlerer Schiene etwa 10 Minuten gebacken. Wenn die Plätzchen fertig sind, kommen sie zum Auskühlen auf das Gitter.
Währenddessen kann die Glasur vorbereitet werden. Dazu den Puderzucker in die Schüssel sieben und mit etwas Zitronensaft verrühren. Wer möchte, kann noch Lebensmittelfarbe hinzufügen. Die Plätzchen mit dem Guss bestreichen und nach Belieben verzieren.

Hermannkuchen – der Brief (ab 4 Jahren)

Hallo,

mein Name ist Hermann. Ich bin ein Kuchenteig, der dir von einem lieben Menschen geschenkt wurde. Ich muss allerdings noch gut gepflegt werden, bevor ich ein leckerer Kuchen werde.
Bitte bewahre mich in einer Plastikschüssel (ich mag nämlich kein Metall) mit einem Tuch bedeckt im Kühlschrank auf. Die Schüssel sollte etwas höher sein, da ich bei deiner guten Pflege sicherlich noch wachsen werde. Zum Umrühren solltest du einen Plastik- oder Holzlöffel verwenden, denn, wie gesagt, vertrage ich kein Metall.
Jetzt soll es aber losgehen:

1. Tag: Ruhe (im Kühlschrank aufbewahren und nichts machen)
2. Tag: umrühren
3. Tag: umrühren
4. Tag: umrühren
5. Tag: Füttern mit:
1 Tasse (1 Tasse = 100 g / 150 ml) Mehl, ½ Tasse Zucker,
1 Tasse Milch und dann gut verrühren.

6. Tag: umrühren
7. Tag: umrühren
8. Tag: umrühren
9. Tag: umrühren
10. Tag: Backtag!
Füttern mit:
1 Tasse Mehl, 1 Tasse Zucker, 1 Tasse Milch und dann gut verrühren.
Nun geht es ans Teilen. Ich werde in vier gleich große Teile aufgeteilt.
Drei Teile davon werden an drei liebe Freunde verschenkt.
Dabei bitte nicht die Kopie des Briefes vergessen!

Der 4. Teil gehört dir und soll nun gebacken werden:

Zu deinem Hermannteig fügst du noch hinzu:
2 Tassen Mehl, 1 Päckchen Backpulver, 1 Päckchen Vanillezucker,
1 Tasse Zucker, 1 Prise Salz, 3 Eier, ½ Tasse Öl, 1 Tasse Milch

Das Mehl und das Backpulver werden gesiebt und zusammen mit den anderen Zutaten zum Hermannteig gegeben. Dieser wird so lange umgerührt, bis ein glatter Teig entstanden ist.
Dann wird er in eine gefettete Form gegeben und im Backofen bei 200 °C ca. 50 Min. gebacken. Nach dem Backen kann noch ein leckerer Guss auf den Kuchen gegeben werden. Dazu 200 g Kuvertüre bei niedriger Temperatur im Wasserbad schmelzen und mit einem Pinsel auf den Kuchen streichen.

Guten Appetit!

BVK • Jenny Hütter: Kita aktiv „Projektmappe Ich und du – wir beide“

Bilder-Kopiervorlage von Zutaten und Haushaltsgegenständen

Hermannkuchen – das Grundrezept

Freundschaftsplätzchen

BVK • Jenny Hütter: Kita aktiv „Projektmappe Ich und du – wir beide“

Wo haben sich Hüpfer und Hänsel versteckt? (ab 4 Jahren)

1. Suche die beiden Freunde Hänsel und Hüpfer.
2. Male sie bunt an.
3. Aus Hänsels Familie haben sich einige Mäuse gut versteckt. Finde sie und schreibe in das danebenstehende Kästchen, wie viele du gefunden hast!
4. Auch aus Hüpfers Familie haben sich einige Eichhörnchen versteckt. Finde sie und schreibe in das danebenstehende Kästchen, wie viele du gefunden hast!

Tiere im Rudel (ab 4 Jahren)

Alle diese Tiere leben in Rudeln, Herden oder ähnlichen Gemeinschaften.
Zähle die einzelnen Tiere und verbinde sie mit der richtigen Zahl!

2

3

4

5

8

6

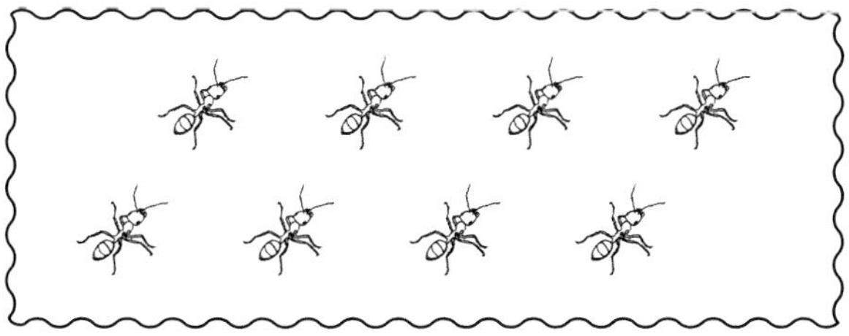

7

BVK • Jenny Hütter: Kita aktiv „Projektmappe Ich und du – wir beide“

Freundschaftskette (ab 4 Jahren)

1. Bearbeitet dieses Arbeitsblatt immer zu zweit!
   Einer beginnt und malt die erste Freundschaftskette an.
   Es können beliebig viele Perlen angemalt werden.
   Auch die Farbauswahl bleibt euch überlassen.
   Euer Partner hat nun die Aufgabe, die zweite Kette genauso anzumalen wie die vorherige. Achtet dabei auf die richtige Anzahl und die Farben!
2. Zählt nun nach, wie viele Perlen ihr in einer Farbe angemalt habt und tragt die entsprechende Zahl mit dem entsprechend farbigen Stift in das Kästchen unter den Perlenketten ein!

1)

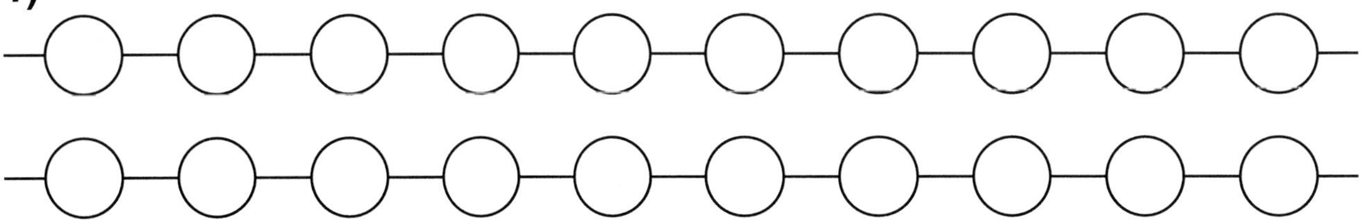

2)

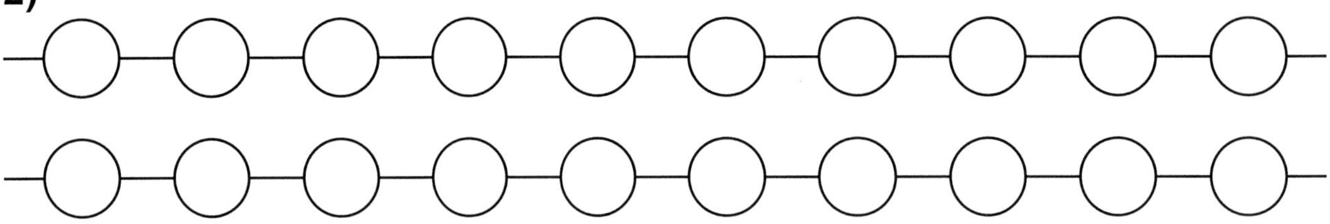

3)

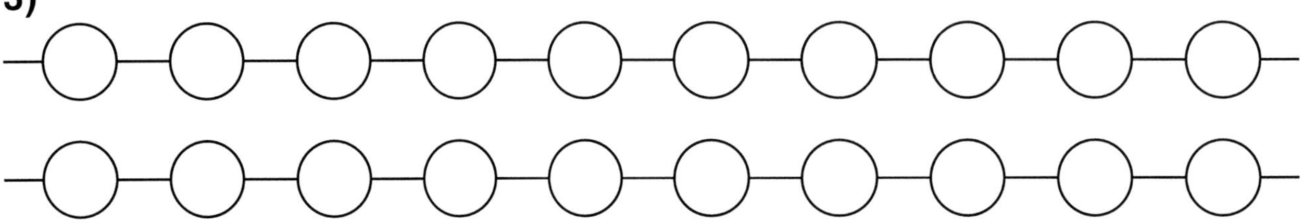

Wortgottesdienst „Jesus, der Menschenfischer“ (1) (ab 3 Jahren)

Material:
1 Pinnwand, selbst gemalte Bilder der Kinder zum Thema „Freunde“, Heftzwecken

Vorbereitung:
Einige Kinder malen ein Bild zum Thema „Freunde“ (z. B. gemeinsames Spielen, eine Geburtstagsfeier, einen Streit, zusammen frühstücken, Begrüßung des Freundes im Kindergarten, als der Freund lange krank war und nicht mit mir spielen konnte etc.).
Die Pinnwand wird neben den Altar gestellt, sodass sie für die Gemeinde gut sichtbar ist.

Lied zum Einstieg:
„Kindermutmachlied“
(Text und Musik: Andreas Ebert, in: Das Kindergesangbuch, Claudius Verlag, München, 1998)

Hinführung zum Thema:
Die Gottesdienstleitung begrüßt die Gemeinde und spricht einige einführende Worte:
„Wir haben uns heute als Freunde Jesu hier versammelt, um das Fest unserer Gemeinschaft im Glauben zu feiern. Um das Thema ‚Freundschaft’ geht es heute auch in unserem Gottesdienst. Wir hören von Jesus, von seiner Liebe und Freundschaft zu den Menschen. Darum wollen wir in seinem Namen, im Namen des guten Gottes, den Gottesdienst beginnen: Im Namen des Vaters und des Sohnes und des heiligen Geistes. Amen.“

Die Kinder, die ein Bild zum Thema „Freundschaft“ gemalt haben, bringen diese nacheinander nach vorne zum Altar. Dort werden die Bilder von der Gottesdienstleitung an die Pinnwand geheftet. Währenddessen darf jedes Kind in das Mikrofon sagen, was es gemalt hat, zum Beispiel:
„Auf meinem Bild ist zu sehen, wie ich mit meinem Freund spiele. Das macht viel Spaß.“
„Hier streite ich gerade mit meiner Freundin. Aber danach haben wir uns wieder vertragen.“
„Ich habe mit meinen Freunden zusammen Geburtstag gefeiert. Das war ein sehr schöner Tag.“ ...

Lesung als Rollenspiel der Kinder: Jesus, der Menschenfischer
Die Kinder stellen im Rollenspiel die Erzählung dar (MK 1; 16–20, 2; 14–15).

Rollenverteilung:
1 Kind – Jesus
5 Kinder – Fischer (Simon, Andreas, Zebedäus, Jakobus und Johannes)
1 Kind – Levi, der Zöllner
7 Kinder – weitere Jünger

Material:
für das Boot: 1 großer Karton, 1 dicker, schwarzer Filzstift, 1 Schere
für 10 Fische: Kopiervorlage „Fisch“ (s. S. 31), 1 Bleistift, weißer Fotokarton, Scheren, Fingermalfarbe, evtl. Pinsel und Becher mit Wasser, Malkittel
sonstiges: 1 Fischernetz, 1 kleiner Tisch mit Stuhl, 1 großes, blaues Tuch (See), 1 Plastiktüte, Klebefilm

Vorbereitung für das Rollenspiel:
Boot basteln: Die obere Öffnung des Kartons wird abgeschnitten. In den Boden wird eine so große Öffnung geschnitten, dass sich zwei Kinder hineinstellen und die Beine unten herausschauen lassen können. Anschließend wird das Boot bemalt, zum Beispiel mit Schiffsplanken.
Fische basteln: Die Fische werden auf weißen Fotokarton übertragen und ausgeschnitten. Anschließend werden sie von den Kindern mit Fingerfarbe angemalt.
Das blaue Tuch liegt ausgebreitet an einer für die Gemeinde gut sichtbaren Stelle. Das Boot mit dem Fischernetz steht daneben. Die gebastelten Fische werden in die Plastiktüte gegeben, welche mit Klebefilm an der Innenseite des Bootes befestigt wird.

Wortgottesdienst „Jesus, der Menschenfischer“ (2) (ab 3 Jahren)

Die Fischer Simon und Andreas stehen zu Beginn der Erzählung neben dem Boot und hantieren an dem Fischernetz. Etwas abseits davon (zunächst noch versteckt) befinden sich die anderen drei Fischer. An einer gut sichtbaren Stelle steht der Tisch, an dem der Zöllner Levi auf einem Stuhl sitzt. Die anderen Jünger befinden sich zunächst noch etwas abseits.

Geschichte	Bewegungen zum Text
Wir alle kennen die Geschichte, in der von der Geburt Jesu erzählt wird. Die Nacht in Bethlehem, als Maria ihren Sohn, Gottes Sohn, in einem Stall zur Welt brachte.	
Jesus ist nun älter geworden. Er wohnt nicht mehr zu Hause, sondern ist ausgezogen, um allen Menschen die Botschaft von Gott zu bringen. Jesus weiß, wie wichtig es ist, Freunde zu haben, die einem helfen und einem beistehen.	*Jesus geht durch die Kirche.*
Als Jesus zum See Genezareth kommt, trifft er auf die zwei Fischer Simon und Andreas. Sie arbeiten am Ufer des Sees. Die beiden waren die ganze Nacht mit ihrem Boot unterwegs gewesen, haben aber keinen einzigen Fisch gefangen. Jesus geht auf die beiden zu und fordert sie auf: „Rudert noch einmal auf den See und werft eure Netze aus!“ Der Fischer Simon antwortet ihm darauf: „Wir waren die ganze Nacht lang auf dem See unterwegs, haben aber nichts fangen können. Aber weil du es sagst, werden wir es noch einmal versuchen.“	*Jesus geht zu den beiden Fischern und redet mit ihnen.*
Und so rudern Simon und Andreas noch einmal auf den See und werfen ihre Netze aus. Sie staunen nicht schlecht, als sie die Netze wieder herausziehen und diese so voll sind, dass die Leinen fast entzweireißen.	*Simon und Andreas fahren mit dem Boot wieder auf das Meer hinaus. Sie werfen ihr Netz aus und staunen über die vielen Fische.*
Simon und Andreas rudern wieder an Land und danken Jesus überschwänglich.	*Dann fahren sie zurück und stellen das Boot wieder an die Seite. Sie holen die Fische heraus und breiten sie vor dem Boot aus.*
Als Jesus sie fragt: „Wollt ihr mit mir gehen und mir helfen, den Menschen von Gott zu erzählen?“, lassen die beiden alles stehen und liegen und folgen Jesus.	*Die drei gehen durch die Kirche. In der Zeit stellen sich die anderen drei Fischer zu dem Boot.*
Bald darauf treffen sie den alten Zebedäus, der mit seinen Söhnen Jakobus und Johannes ebenfalls beim Fischen ist. Jesus fragt auch sie: „Wollt ihr mit mir gehen und mir helfen, den Menschen von Gott zu erzählen?“ Die beiden Söhne freuen sich sehr und folgen Jesus auf seinem Weg.	*Jesus geht mit seinen beiden Jüngern wieder zum See und bedeutet dort den beiden Fischern mitzukommen.* *Bis auf Zebedäus machen sich alle auf den Weg und gehen durch die Kirche.*

Wortgottesdienst „Jesus, der Menschenfischer“ (3) (ab 3 Jahren)

Nach einiger Zeit passieren sie ein Zollhaus. Darin sitzt Levi, der Zöllner, an einem Tisch. Jesus geht zu Levi und lädt auch ihn ein: „Willst du mit mir gehen und mir helfen, den Menschen von Gott zu erzählen?“ Da steht Levi auf und auch er folgt Jesus durch das Land.	*Sie gelangen zu Levi.* *Jesus bedeutet auch ihm mitzukommen.* *Levi steht auf und folgt den anderen durch die Kirche.*
Immer weiter geht Jesus und lädt Männer und Frauen ein, seine Freundschaft anzunehmen und gemeinsam das Wort Gottes zu verbreiten. Alle spüren sie: Jesus ist unser Freund und Gott der Vater ist durch Jesus bei uns.	*Während Jesus mit den anderen durch die Kirche geht, kommen nach und nach die anderen Jünger mit dazu und laufen mit.*

Lied:
Wo zwei oder drei in meinem Namen versammelt sind
(Text: Matthäus 18, 20; Melodie: Jesus-Bruderschaft, Gnadenthal; aus: Gotteslob – kath. Gebet- und Gesangbuch für das Bistum Aachen, 031)

Fürbitten:
1. Guter Gott, du liebst alle Menschen. Lass uns deine Freundschaft und Liebe immer wieder erfahren.
   Wir bitten dich, erhöre uns.
2. Guter Gott. Hilf uns dabei, in Liebe und Freundschaft miteinander zu leben.
   Wir bitten dich, erhöre uns.
3. Guter Gott, du verzeihst uns, wenn wir Fehler machen. Hilf uns dabei, auch anderen Menschen ihre Fehler zu verzeihen.
   Wir bitten dich, erhöre uns.

Gebet:
Guter Gott, Jesus ist ein guter Freund für uns Menschen. Er hat uns zusammengeführt, um uns in Liebe miteinander zu verbinden. Wir danken dir für deinen Sohn, Jesus Christus, der uns gelehrt hat, in Freundschaft und Liebe miteinander und füreinander zu leben. Amen.

Schlusslied:
Gott, dein guter Segen
(Text und Melodie: Detlev Jöcker, in: Heut ist ein Tag, an dem ich singen kann, Menschenkinder Verlag, 2009)

Kopiervorlage „Fisch“

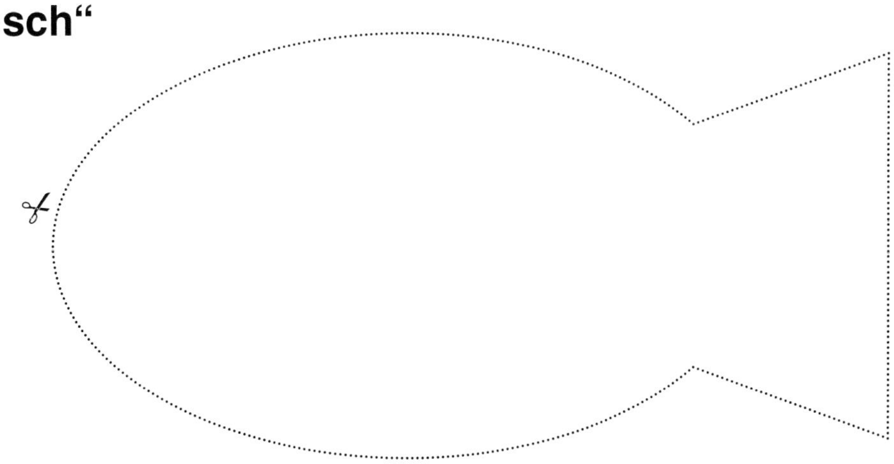

Theaterstück „Die Bremer Stadtmusikanten“ (1) (ab 4 Jahren)

(frei erzählt nach den Gebrüdern Grimm)

Vorbereitung: Den Kindern wird die Geschichte vorgelesen und gemeinsam werden die Kostüme hergestellt. Anschließend werden die verschiedenen Rollen verteilt. Danach wird die Geschichte erneut gemeinsam vorgelesen / gespielt.

Hinweise: Sie benötigen einen Erwachsenen, der die Geschichte vorliest, und einen, der die Kinder begleitet und bei Bedarf Hilfestellung gibt. Die fettgedruckten Textstellen können die Kinder in den jeweiligen Rollen ggf. selbst sprechen, ansonsten spricht diese der Erzähler und die Kinder spielen dazu.
Das Theaterstück eignet sich gut, um es als Abschluss eines Festes vorzuführen.

Rollen: 1 Esel, 1 Katze, 1 Hund, 1 Hahn, 1 Kind für die Taschenlampe, 3 Räuber, 3 Bäume, 2 Kinder, die das Haus festhalten

Requisiten: 2 Stühle, 1 Taschenlampe, 3 Baumkostüme, 1 Haus, 1 gedeckter Tisch mit 3 Stühlen, 1 Eselkostüm, 1 Hundekostüm, 1 Katzenkostüm, 1 Hahnkostüm, 3 Räuberkostüme, 1 Streichholz

Hinweise: Bastelanleitung für die Kostüme siehe Seite 36, Tiermasken siehe Seite 37–38

Geschichte:

Der Esel betritt die Bühne und läuft müde umher.

Erzähler: Es war einmal ein Esel. Dieser war schon sehr alt und da er immer so viel gearbeitet hatte und jahrelang Säcke zur Mühle schleppen musste, wurde er immer müder und schaffte es bald nicht mehr, den langen Weg mit den schweren Säcken zu laufen. Sein Besitzer wollte so einen Esel, der seine Arbeit nicht schafft, nicht mehr haben und wollte ihn weggeben. Der Esel aber merkte, dass sein Herr ihn nicht mehr wollte. Und so beschloss er, einfach wegzugehen.

Esel: **Ich gehe nach Bremen und werde dort ein Stadtmusikant!**

Der Esel macht sich auf den Weg.

Erzähler: Nachdem der Esel das beschlossen hatte, stahl er sich heimlich davon und machte sich auf den Weg nach Bremen.

Der Hund betritt die Bühne und legt sich hechelnd an die Seite.

Erzähler: Er war schon eine ganze Weile unterwegs, da sah er einen Hund auf der Straße liegen, der jämmerlich japste.

Der Esel geht zu dem Hund.

Esel: **Warum hechelst du denn so? Geht es dir nicht gut?**

Hund: **Ach je, ich bin doch schon so alt. Mein Herr konnte mich nicht mehr für die Jagd gebrauchen und so wollte er mich weggeben. Da bin ich ganz schnell weggelaufen. Aber was soll ich jetzt nur tun?**

Esel: **Komm mit mir nach Bremen und werde auch Stadtmusikant. Ich spiele die Laute und du schlägst auf die Pauke.**

Theaterstück „Die Bremer Stadtmusikanten“ (2) (ab 4 Jahren)

Erzähler: Der Hund hielt das für eine gute Idee und ging mit dem Esel mit.

Die beiden gehen zusammen weiter. Die Katze betritt die Bühne und setzt sich an die Seite.

Erzähler: Nach einiger Zeit begegneten sie einer Katze, die am Wegesrand saß und jämmerlich maunzte und miaute.

Esel und Hund gehen zu der Katze.

Esel: **Na, was ist denn mit dir los?**

Katze: **Ach je, ich bin doch schon so alt. Und weil ich nur noch am Ofen sitzen will und keine Mäuse mehr jage, da wollte mein Frauchen mich weggeben. Da bin ich lieber weggelaufen. Aber was soll ich jetzt nur tun?**

Esel: **Komm doch mit uns nach Bremen, du verstehst was von der Nachtmusik. Du kannst mit uns Stadtmusikant werden.**

Erzähler: Die Katze hielt das für eine gute Idee und ging mit dem Esel und dem Hund mit.

Die drei gehen zusammen weiter.

Der Hahn betritt die Bühne und setzt sich an die Seite.

Erzähler: Als sie so unterwegs waren, da kamen sie an einem Bauernhof vorbei. Vor dem Hoftor saß ein Hahn und krähte aus Leibeskräften.

Esel, Hund und Katze gehen zu dem Hahn.

Esel: **Was ist denn mit dir los? Warum krähst du so laut, dass uns fast die Ohren abfallen?**

Hahn: **Ach je, morgen bekommt der Bauer Gäste und ich habe gehört, dass seine Frau gesagt hat, sie bräuchte noch ein Suppenhuhn! Der Bauer wird gleich kommen und mich holen, da schreie ich lieber jetzt noch, so lange ich noch kann …**

Esel: **Dann komm doch mit uns, bevor du als Suppenhuhn endest. Du hast eine gute Stimme und kannst auch, wie wir, ein Stadtmusikant werden.**

Die vier gehen zusammen weiter. Während die vier laufen, stellen sich die drei Bäume auf, zwei Stühle werden hinter einen der Bäume gestellt.

Erzähler: Der Hahn hielt das für eine gute Idee und ging mit dem Esel, dem Hund und der Katze mit. Da der Weg nach Bremen weit war, wollten sie sich für die Nacht einen Schlafplatz im Wald suchen. Unter dem höchsten Baum des Waldes ließen sich der Esel und der Hund nieder. Die Katze kletterte den Baum hinauf und legte sich auf einen Ast. Der Hahn flog in die Spitze des Baumes, um sich dort niederzulassen.

Vor einen Baum legen sich der Esel und der Hund. Die Katze und der Hahn stellen sich hinter dem Baum jeweils auf einen Stuhl.
Ein Kind lässt am anderen Ende der Bühne eine Taschenlampe aufleuchten.

Hahn: **Da vorne ist ein Licht, ich glaube, da ist ein Haus ganz in der Nähe.**

Katze: **So lasst uns doch dorthin gehen. Vielleicht finden wir dort ein wärmeres Plätzchen als hier.**

Das Haus wird aufgestellt, ein Kind steht mit der Taschenlampe hinter dem Haus und leuchtet durch das Fenster. Der gedeckte Tisch mit den Stühlen wird dazugestellt. Die drei Räuber setzen sich an den Tisch. Ein Stuhl wird in die Nähe des Fensters des Hauses, für das Publikum nicht sichtbar, gestellt.

Erzähler: Und so machten sich die vier wieder auf den Weg. Bald sahen auch die anderen das Licht schimmern. Es war ein Räuberhaus, aus dem das Licht herausschien. Als der Esel vorsichtig durch das Fenster schaute, sah er Räuber, die an einem gedeckten Tisch mit lauter Köstlichkeiten saßen. Die vier beratschlagten, wie sie die Räuber vertreiben könnten. Endlich hatten sie eine Idee:

Der Esel kniet sich vor das Fenster, der Hund setzt sich auf den Rücken des Esels, die Katze dahinter. Der Hahn stellt sich hinter die drei auf den Stuhl. Dieser steht so hinter dem Esel, sodass die Zuschauer ihn möglichst nicht sehen.

Esel, Hund, Katze und Hahn: *schreien, bellen, miauen und krähen*

Die Räuber schrecken von den Stühlen hoch, die vier Tiere rennen lärmend in das Haus.

Erzähler: Die Räuber erschraken fürchterlich, als sie das Geschrei hörten. Und als die vier in die Stube stürzten, dachten sie, ein Gespenst wäre gekommen, um sie zu holen.

Die Räuber rennen weg und stellen sich an das andere Ende der Bühne.

Erzähler: Sie flohen voller Schrecken in den Wald hinein.

Die vier Tiere setzen sich an den Tisch und essen.

Erzähler: Die vier Musikanten aber machten es sich am Tisch gemütlich und aßen, was die Räuber übriggelassen hatten. Dann suchten sie sich einen Schlafplatz und löschten das Licht.

Der Esel legt sich vor das Haus, der Hund hinter die Türe, die Katze neben den Tisch, der Hahn stellt sich auf einen Stuhl hinter das Haus. Die Taschenlampe wird ausgeschaltet und der Katze gegeben.

Erzähler: Der Esel legte sich auf den Mist, der Hund hinter die Türe, die Katze auf den Herd bei der warmen Asche und der Hahn setzte sich auf das Dach des Räuberhauses. Bald darauf schliefen sie ein. Als die Räuber sahen, dass im Haus kein Licht mehr brannte, sprach der Räuberhauptmann:

Räuberhauptmann: Wir dürfen uns nicht vertreiben lassen!

Erzähler: Er ließ einen der Räuber in das Haus gehen und es untersuchen, ob noch jemand darin war.

Einer der Räuber geht zu dem Haus.

Erzähler: Da er alles still fand, öffnete er die Türe und ging in die Küche, um das Licht anzuzünden. Da er dachte, die leuchtenden Augen der Katze seien glühende Kohlen, hielt er ein Streichhölzchen daran, damit sie Feuer fangen konnten.

Theaterstück „Die Bremer Stadtmusikanten“ (4) (ab 4 Jahren)

Der Räuber geht in das Haus, die Katze macht die Taschenlampe an, der Räuber hält ein Streichholz an die Katze.

Erzähler: Die Katze verstand damit keinen Spaß, sie sprang ihm ins Gesicht und kratzte und fauchte aus Leibeskräften.

Die Katze miaut und tut so, als würde sie den Räuber kratzen.

Erzähler: Der Räuber erschrak fürchterlich, er wollte zur Türe hinausrennen. Dort lag aber der Hund, der aufsprang und ihm ins Bein biss. Als er schreiend vor Angst über den Hof rannte, gab ihm der Esel noch einen Tritt mit den Hinterhufen und der Hahn, der von dem ganzen Lärm geweckt wurde, rief …

Der Räuber rennt weg, der Hund springt auf und tut so, als würde er ihm ins Bein beißen. Der Räuber rennt schreiend weiter, der Esel tut so, als würde er ihn treten.

Hahn: **Kikeriki!**

Erzähler: … vom Dach herunter.

Der Räuber rennt zu den anderen Räubern zurück.

Erzähler: Der Räuber lief so schnell er konnte zu den anderen zurück und berichtete:

Räuber: **In dem Haus, da sitzt eine alte Hexe, die hat mir mit ihren Klauen das ganze Gesicht zerkratzt. Und vor der Türe steht ein Mann mit einem Messer, der mir ins Bein gestochen hat. Und als ich wegrennen wollte, da stand auf dem Hof ein schwarzes Ungeheuer, das mich mit einer Keule erschlagen wollte. Oben auf dem Dach, da saß auch noch ein Richter, der rief: „Bring den Schelm her!“**

Erzähler: Von diesem Tage an, trauten sich die Räuber nicht mehr zurück. Den vier Bremer Stadtmusikanten aber gefiel es in dem Haus so gut, dass sie dort blieben.

Kopiervorlage „Baum“

BVK • Jenny Hütter: Kita aktiv „Projektmappe Ich und du – wir beide“

Kostüme zum Theaterstück „Die Bremer Stadtmusikanten“

Material allgemein:
1 Bleistift, 1 Schere, 1 Locher, 1 Prickelnadel, 1 Prickelunterlage, weißer Tonkarton, Kleber, Buntstifte, Tacker, 1 Lineal

Material Esel:
graue Kleidung, Eselmaske (s. S. 38), grauer Wollfaden

Material Hund:
braune Kleidung, Hundemaske (s. S. 37), brauner Wollfaden

Material Katze:
schwarz-weiße Kleidung, Katzenmaske (s. S. 37), weißer Wollfaden

Material Hahn:
bunte Kleidung, Hahnmaske (s. S. 38), bunter Wollfaden

Arbeitsanleitung für die Tiere:
Die Masken werden vergrößert kopiert und auf den Tonkarton geklebt. Dann werden sie ausgeschnitten und angemalt. Die Augen werden ausgeprickelt. Mit dem Locher werden Löcher an den Seiten ausgestanzt und die Masken anschließend mit dem Wollfaden am Kopf des Kindes befestigt.

Material Bäume:
braune Hosen, grüne T-Shirts, grüner und brauner Tonkarton, Vorlage „Baum“ (s. S. 35)

Arbeitsanleitung:
Von dem braunen Tonkarton wird dreimal ein je 5 cm breiter und 25 cm langer Streifen abgeschnitten. Die Vorlage „Baum“ wird vergrößert kopiert. Der Stamm wird neunmal auf braunen, die Baumkrone neunmal auf grünen Tonkarton übertragen. Die einzelnen Teile werden ausgeschnitten und die Baumkronen auf die Baumstämme geklebt. Je drei Bäume werden mit Kleber auf dem braunen Tonkartonstreifen befestigt. Der Streifen wird an den Kopfumfang der Kinder angepasst und zusammengetackert.

Material Haus:
1 großes Stück Pappe (evtl. von einem Karton, mind. 1 x 1 m), Fingerfarbe, Pinsel, Malkittel, Unterlagen, Wasserbecher, 1 Bleistift, Schere

Arbeitsanleitung:
Auf den Karton wird (so groß wie möglich) ein Haus aufgemalt. Es werden eine Tür und ein Fenster eingezeichnet und ausgeschnitten. Das Haus wird beliebig angemalt und muss später von zwei Kindern festgehalten werden können.

Material Räuber:
braune oder schwarze Schminke, alte, evtl. etwas verschmutzte Kleidung

Arbeitsanleitung:
Den Räubern wird mit der Schminke ein Stoppelbart und ein „schmutziges“ Gesicht gemalt.

Masken zum Theaterstück „Die Bremer Stadtmusikanten“ (1)

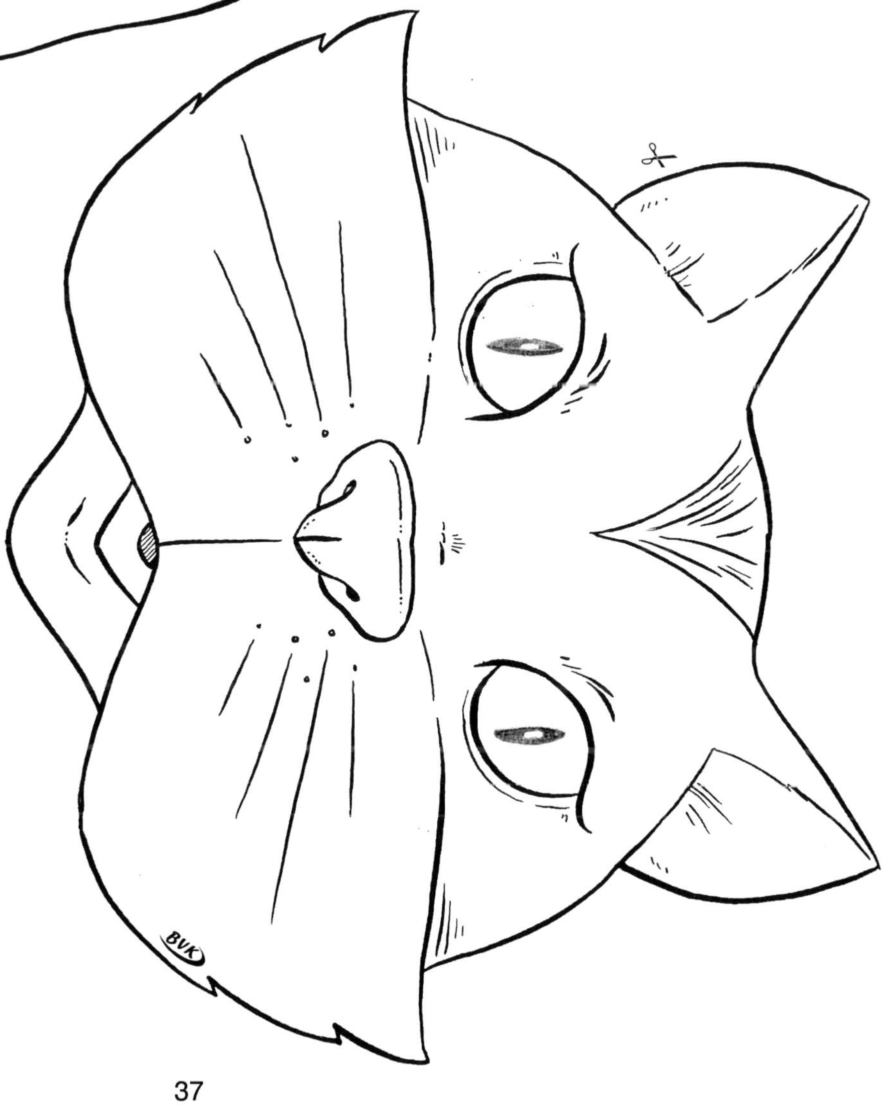

(Bitte bei Bedarf hochkopieren.)

Masken zum Theaterstück „Die Bremer Stadtmusikanten“ (2)

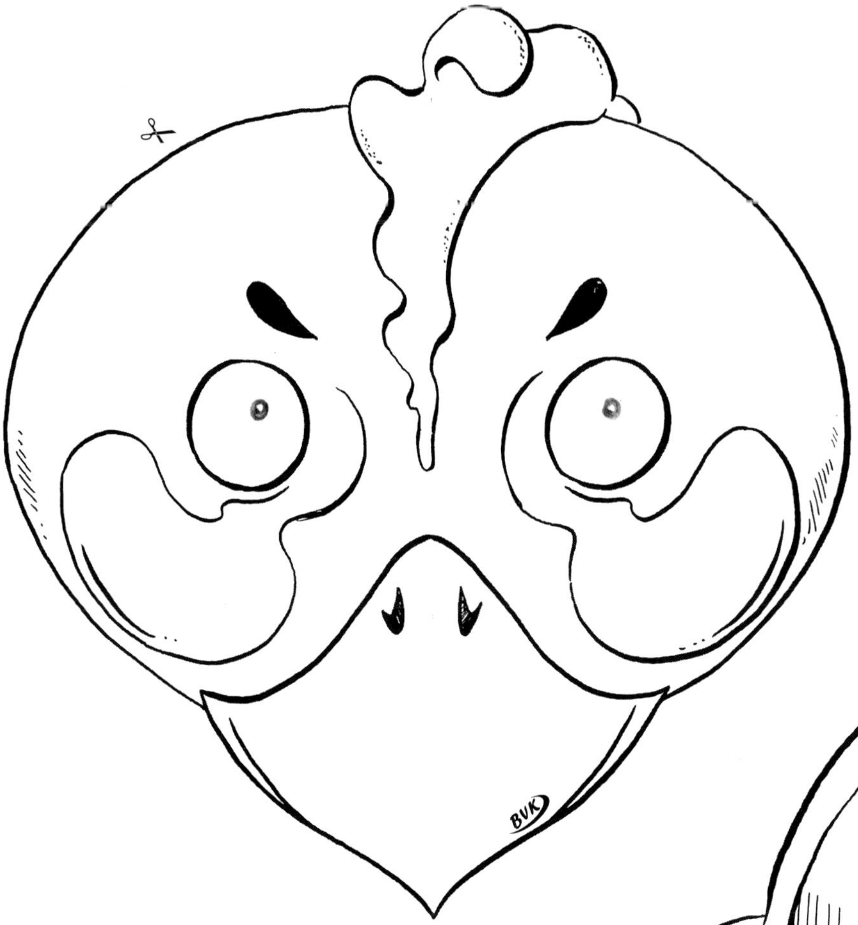

(Bitte bei Bedarf hochkopieren.)

Ein Freundschafts-Mandala wird gelegt (ab 3 Jahren)

Material:
1 Holzreifen, 1 dunkles Tuch, CD-Player, Entspannungsmusik, 1 Foto von jedem Kind, 1 Laminiergerät und -folie, Buntstifte, weiße Pappe, 1 Bleistift, 1 Lineal, 1 Schere, evtl. 1 Spielzeugkatalog und Kleber

Vorbereitung:
Die einzelnen Fotos der Kinder werden laminiert (dadurch halten sie länger, besonders wenn das Spiel häufiger gespielt wird).
Auf die Pappe werden 50 Quadrate (2,5 x 2,5 cm) aufgemalt und ausgeschnitten.
Die Kinder erhalten nun die Aufgabe, sich zu überlegen, was sie mit ihren Freunden gern spielen. So wird beispielsweise eine Puppe auf eine der Karten gemalt. Fallen einem Kind mehrere Sachen ein, die es vielleicht mit jemand anderem am liebsten spielt, kann dies natürlich auf eine weitere Karte gemalt werden. Dabei können auch mehrmals die gleichen Gegenstände aufgemalt werden – so wird deutlich, welche Spielzeuge zurzeit besonders beliebt bei den Kindern sind und welche weniger. Alternativ können die Kinder auch Gegenstände aus einem Spielzeugkatalog ausschneiden und aufkleben.

Spielmöglichkeit:
Das Tuch wird in die Mitte gelegt, der Reifen darauf. Es wird leise Entspannungsmusik angestellt. Alle Fotos der Kinder werden leise (entweder von einem Kind oder von der Erzieherin) in den Reifen gelegt. Alle angemalten Karten werden um den Kreis herumgelegt. Nun beginnt die Runde. Das erste Kind steht leise auf und sucht sich zwei Aktivitäten aus der Mitte aus. Dann überlegt es sich, mit welchen Kindern es diese gern spielt. Die Karten werden nun an die entsprechenden Fotos gelegt (es sollten nach Möglichkeit zwei verschiedene Kinder ausgewählt werden). Erst wenn das Kind wieder an seinem Platz ist, steht das nächste Kind auf. Die Erzieherin sollte darauf achten, dass sie als Letztes an der Reihe ist. Auf diese Weise kann sie Karten an die Fotos legen, bei denen eventuell noch nichts liegt. Danach wird die Musik ausgestellt.

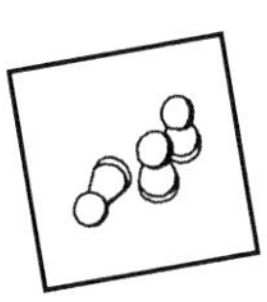

Hinweis:
Anschließend wird das entstandene Mandala gemeinsam betrachtet. Bei Bedarf kann die Erzieherin hier noch Gesprächsimpulse setzen, um die Spielphase im Kindergarten zu reflektieren:

- *zum Beispiel nach einem beobachteten Streit:*
  „Tom hat ein Bild von einem Auto zu Philipp gelegt. Heute Morgen habt ihr beiden auch mit Autos gespielt. Hat euch das Spaß gemacht? Spielt ihr öfter damit oder war es das erste Mal? Waren noch andere Kinder dabei oder habt ihr allein gespielt? Zwischendurch hattet ihr einen kleinen Streit, wie habt ihr euch dabei gefühlt? Wie habt ihr den Streit gelöst? Ging es euch danach besser?“
- *zum Beispiel, wenn ein Kind ausgegrenzt wird:*
  „Hat Oliver heute nur allein gespielt? Wolltest du heute lieber allein spielen, Oliver? Wie könnten wir das ändern, dass Oliver auch einmal jemanden zum Spielen hat?“
- *zum Beispiel, um Kinder, die im Spiel oft negativ auffallen, auch einmal zu loben:*
  „Mensch Marie, bei dir habe ich heute gesehen, dass du ganz lange auf dem Bauteppich warst und einen großen Turm gebaut hast. Deshalb habe ich das Bild mit den Bauklötzen zu dir gelegt. Nachdem es gestern so laut auf dem Bauteppich war, hat mich das heute sehr gefreut.“

Natürlich dürfen sich auch die Kinder äußern, wenn sie dazu etwas zu erzählen haben. Das Spiel erfordert etwas Übung und sollte öfter gespielt werden. Auf diese Weise lernen die Kinder, ihr eigenes Verhalten bewusster wahrzunehmen und werden sensibler für andere Kinder.

Hänsel auf Nahrungssuche – eine Massagegeschichte (ab 4 Jahren)

Material:
dünne Matten oder Decken

Vorbereitung:
Die Matten oder Decken werden auf den Boden gelegt.

Spielmöglichkeit:
Je zwei Kinder finden sich zusammen. Ein Kind legt sich auf die Decke (auf den Bauch), das andere Kind kniet sich daneben. Die Erzieherin liest die Geschichte vor und macht die entsprechenden Bewegungen *(im Text kursiv gedruckt)* vor. Die knienden Kinder machen die Bewegungen auf dem Rücken ihres Partners nach. Dabei sollte man darauf achten, dass die Bewegungen so lange ausgeführt werden, bis eine neue vorgegeben wird, sodass keine Pause entsteht.

Erzählung:
Hänsel, unsere kleine, aber schnelle Maus, trippelt durch die Gänge des Mäusebaus *(mit den Fingerspitzen über den Körper trippeln).* Er ist ganz schön müde, denn er hat mit seiner Familie zusammen Vorräte gesammelt. Zuerst sind alle ins nahegelegene Feld gelaufen und haben Getreideähren gesammelt. Dann haben sie die Ähren in die Vorratskammer des Mäusebaus geschleppt und alles dort gestapelt *(mit der flachen Hand leicht auf den Körper drücken).* Die anderen sind wieder auf das Feld gegangen, um weiter zu sammeln. Hänsel sollte noch Nüsse sammeln gehen, denn der Winter kommt bald und dann finden die Mäuse keine neue Nahrung mehr.
Jetzt läuft Hänsel durch die Tunnel nach oben an die Oberfläche *(die Fingerspitzen machen Gehbewegungen).* Er möchte seinen Freund Hüpfer suchen. Hüpfer ist ein Eichhörnchen und weiß bestimmt, wo Hänsel die besten Nüsse finden kann. Oben angekommen, rennt Hänsel in den Wald *(Fingerspitzen über den Körper rennen lassen).* Er sammelt noch einmal alle Kräfte zusammen und springt über Stock und Stein *(eine Fingerspitze hüpfen lassen).* Dabei ruft er laut: „Hüpfer, Hüpfer, wo bist du?"
Da antwortet es auch schon von oben aus dem Baum: „Hier hoch, ich bin hier oben." Hänsel, der das Klettern mittlerweile von seinem Freund gelernt hat, klettert geschwind den Baum hinauf *(an den Füßen beginnend Zeige- und Mittelfinger im Wechsel hochwandern lassen bis zum Kopf).*
„Hüpfer, ich möchte Nüsse sammeln, kannst du mir zeigen, wo ich einen guten Platz zum Sammeln finde?"
„Na klar", antwortet Hüpfer, „ich bin für heute fertig mit dem Vorrätesammeln. Komm, ich helfe dir, dann geht es schneller." Fix klettern die beiden den Baum hinunter *(beim Kopf beginnend Zeige- und Mittelfinger im Wechsel hinunterwandern lassen)* und laufen tiefer in den Wald hinein.
Hier müssen sie vorsichtig durch das Dickicht kriechen *(Handfläche flach auflegen und über den Körper streichen).*
Aber dann kommen sie auf eine Lichtung. Hier stehen riesig große Buchen und ringsherum liegen lauter Bucheckern. Gemeinsam sammeln die beiden so viel sie tragen können *(mit Daumen und Zeigefinger das Sammeln Imltleren).*
Dann geht es zurück zum Mäusebau, sie kriechen durch das Dickicht *(Handfläche flach auflegen und über den Körper streichen),* laufen durch den Wald *(Fingerspitzen über den Körper rennen lassen),* springen über einige Äste, die im Weg liegen *(eine Fingerspitze hüpfen lassen),* und kommen schließlich erschöpft im Mäusebau an.

Die Nüsse werden ordentlich in die Vorratskammer gelegt *(mit der flachen Hand leicht auf den Körper drücken).* Hänsel und Hüpfer sind von dem langen und anstrengenden Tag hundemüde. Hüpfer verabschiedet sich und läuft schnell nach Hause, um sich hinzulegen. Auch Hänsel verschwindet direkt in seiner bequemen Schlafhöhle. Er legt sich hin und schläft sofort ein *(Handflächen flach hinlegen und ruhen lassen).*
Das war ein anstrengender Tag heute!

Bewegungsspiele mit einem Partner (1)

Wilde Autofahrt (ab 4 Jahren)

Material:
1 großes Handtuch oder 1 Decke, 3 Pylonen oder andere Hindernisse

Vorbereitung:
Die Pylonen werden als Slalom aufgebaut.

Spielmöglichkeit:
Ein Kind setzt sich auf das Handtuch. Das andere Kind zieht das Kind auf dem Handtuch durch den Raum und läuft dabei im Slalom um die Pylonen herum. Dabei muss natürlich darauf geachtet werden, dass kein Pylon oder die Wand berührt wird. Nach einer Runde wird getauscht.

Hinweis:
Achten Sie darauf, dass die Kinder ungefähr gleich groß sind.

Die Gepäckträger (ab 4 Jahren)

Material:
2 Gymnastikstäbe (pro Paar), Hindernisse wie zum Beispiel 3 Pylonen, 2 Langbänke und 1 Kasten, Dinge zum Transportieren wie zum Beispiel Bälle in verschiedenen Größen, 1 Sandsäckchen, 1 Schuh, 1 Blatt Papier, 1 Buch, 1 Puppe, 1 Schaufel, 1 Plastikschüssel

Vorbereitung:
Die Hindernisse werden aufgebaut, wobei der Aufbau je nach vorhandenem Material variiert:
3 Pylonen als Slalom, 2 Langbänke nebeneinander mit einem Abstand, der etwas größer als die Länge der Gymnastikstäbe ist, 1 Kasten zum Darüberklettern

Spielmöglichkeit:
Jeweils zwei Kinder halten zwei Gymnastikstäbe, und zwar so, dass jeweils ein Materialgegenstand darauf transportiert werden kann. Die Kinder müssen nun den Parcours bewältigen, ohne ihr „Gepäck" zu verlieren.

Hinweis:
Die Kinder stellen fest, dass unterschiedliche Materialien verschiedenste Schwierigkeiten mit sich bringen. Bälle rollen zum Beispiel schnell seitlich herunter, manch ein Gepäckstück fällt in der Mitte herunter, wenn der Abstand verändert wird, Papier lässt sich nur sehr langsam transportieren, da es sonst wegweht …
Im Anschluss an das Spiel kann mit den Kindern besprochen werden, wie welche Materialien am besten transportiert werden können.

Spiegelbilder (ab 4 Jahren)

Material: –

Spielregeln:
Zwei Kinder stehen einander gegenüber.
Ein Kind macht eine Bewegung, das andere Kind macht dieselbe Bewegung spiegelbildlich.
Die Kinder müssen sehr aufeinander achten und schnell reagieren, damit das „Spiegelbild" bestehen bleibt.

Bewegungsspiele mit einem Partner (2)

Roboter (ab 4 Jahren)

Material:
evtl. 1 Handtrommel

Spielregeln:
Alle Kinder bewegen sich wie Roboter durch die Halle. Man kann das Ganze mit einer Handtrommel begleiten, um das Tempo zu bestimmen. Die Roboter sollten nicht zu schnell und mit „eckigen“ Bewegungen laufen.
Dann stellen sich immer zwei Kinder hintereinander. Ein Kind ist der Roboter, das andere der Programmierer. Es werden gemeinsame Kommandos vereinbart, die der Programmierer an den Roboter weitergibt.

Zum Beispiel:
- Hand auf den Kopf → losgehen
- Hand auf die rechte Schulter → Drehung nach rechts und geradeaus weitergehen
- Hand auf die linke Schulter → Drehung nach links und geradeaus weitergehen
- beide Hände auf die Schultern → anhalten

Die Programmierer müssen natürlich darauf achten, dass ihre Roboter nicht vor die Wand laufen oder gegen andere Roboter stoßen.

Paarlaufen (ab 4 Jahren)

Material:
Zeitungen

Spielregeln:
Je zwei Kinder spielen zusammen. Jedes Paar bekommt zwei Zeitungen.
Die Zeitungen werden nebeneinander ausgebreitet. Die Kinder stellen sich hintereinander darauf und versuchen, sich mit der Zeitung fortzubewegen (Schlittschuhlaufen).

Hinweis:
Wichtig ist, dass die Kinder dies vorher einmal allein ausprobiert haben, bevor sie es zu zweit machen.

Siamesische Zwillinge (ab 4 Jahren)

Material:
Bierdeckel, verschiedene Hindernisse (z. B. 1 Langbank, 1 Tisch, 1 Stuhl …)

Vorbereitung:
Die Hindernisse werden hintereinander zu einem Parcours aufgebaut. Es sollte etwas zum Balancieren, etwas zum Klettern und etwas zum Kriechen in dem Parcours vorhanden sein.

Spielmöglichkeit:
Immer zwei Kinder finden sich zusammen. Die Erzieherin „klebt“ die beiden aneinander, indem sie zwei Körperteile der Kinder zusammenführt und den Bierdeckel dazwischenklemmt. Die beiden müssen nun einen vorher festgelegten Parcours überwinden, ohne dass der Bierdeckel hinunterfällt. Welches Paar schafft den Parcours? Das Ganze kann beliebig oft wiederholt werden, indem immer andere Körperteile „zusammengeklebt“ werden.

BVK • Jenny Hütter: Kita aktiv „Projektmappe Ich und du – wir beide“

Bewegungsspiele in der Gruppe

Atomspiel (ab 3 Jahren)

Material:
CD-Player, CD mit Bewegungsliedern für Kinder, evtl. pro Kind 1 Reifen

Spielregeln:
Die Kinder bewegen sich zur Musik durch den Raum. Bei Musikstopp ruft die Erzieherin den Kindern eine Aufgabe zu, die sie gemeinsam bewältigen müssen.

Zum Beispiel:
- begrüßt euch mit den Händen • begrüßt euch mit den Füßen, Schultern, Nasen, Knien ...
- stellt euch in einen Kreis auf ein Bein • stellt euch zu zweit zusammen (zu dritt, zu viert ...)

Variante: Reise nach Jerusalem
Die Reifen werden im Raum verteilt. Zu Beginn des Spiels hat jedes Kind einen Reifen. Die Kinder laufen zur Musik durch den Raum, dürfen die Reifen aber nicht berühren. Beim Musikstopp sucht sich jedes Kind einen Reifen und stellt sich hinein. Nach jeder Runde wird immer ein Reifen weggenommen und die Kinder müssen sich mit mehreren einen Reifen teilen. Vielleicht passen ja alle Kinder in einen Reifen? Hier müssen die Kinder ausprobieren, wie es am besten passt.

Kettenfangen (ab 4 Jahren)

Material: –

Spielregeln:
Ein Kind ist der Fänger und versucht, die anderen zu fangen. Wer berührt wurde, nimmt den Fänger an die Hand. Jetzt müssen beide gemeinsam versuchen, die anderen zu fangen, ohne sich dabei loszulassen. Je mehr Fänger in der Kette sind, desto schwieriger wird das Spiel. Reißt die Kette auseinander, so wird das Spiel abgebrochen, bis sich die Kette wieder geschlossen hat.

Affenkrankenhaus (ab 4 Jahren)

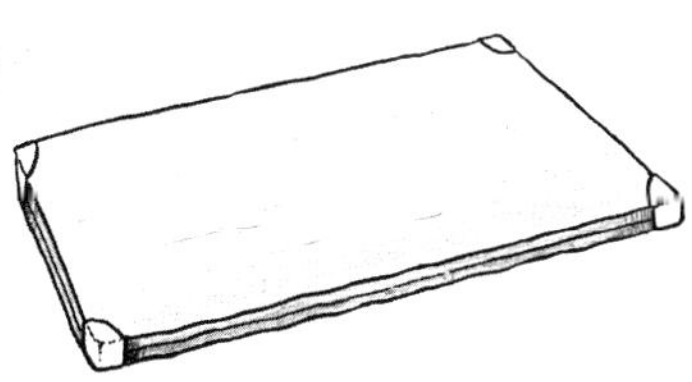

Material:
1 Turnmatte

Spielregeln:
1 Kind ist der Fänger und versucht, die Affen (= die anderen Kinder) zu fangen. Wer vom Fänger berührt wurde, ist verletzt und legt sich an der Stelle, an der er gerade ist, auf den Rücken. Die anderen Affen können ihren Freund befreien, indem sie ihn ins Affenkrankenhaus transportieren. Dafür laufen zwei Affen zu dem verletzten Kind. Einer packt es an den Armen, der andere an den Füßen. Zusammen ziehen sie es zur Turnmatte, dem Affenkrankenhaus. Hier wird es gesund gepflegt. Wird ein neuer Affe gebracht, darf der nun wieder gesunde Affe mit den anderen mitlaufen. Wer gerade einen Affen zum Krankenhaus bringt, kann nicht gefangen werden.
Dies ist ein Spiel ohne Ende, man kann aber auch nach und nach weitere Fänger bestimmen, die beim Affenfangen helfen, sodass am Ende nur noch verletzte Affen am Boden liegen. Dann haben die Fänger das Spiel gewonnen.

Hinweis:
Die Affen und die Fänger müssen gut auf die Kinder achten, die auf dem Boden liegen. Es darf nicht darübergesprungen werden!

Folge Hänsel (ab 4 Jahren)

Hänsel zeigt Hüpfer den unterirdischen Bau seiner Familie.

Folge Hänsel mit einem Bleistift und achte darauf, dass du die Seitenwände nicht berührst.

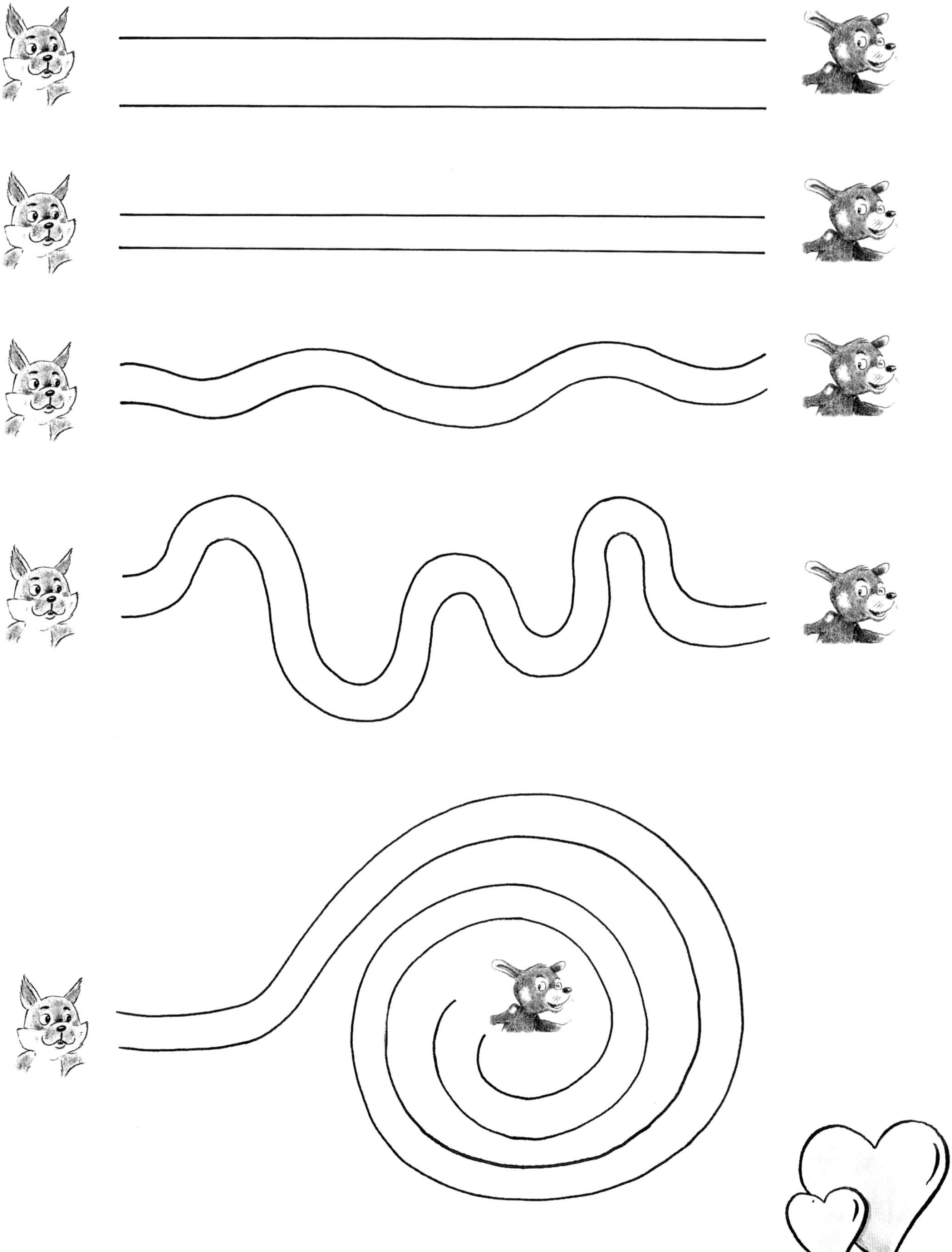

BVK • Jenny Hütter: Kita aktiv „Projektmappe Ich und du – wir beide“

Aufgaben im Kindergarten (ab 4 Jahren)

Material:
1 Magnetwand, Magnete, 1 Filzmarker, 1 Lineal, 1 Foto von jedem Kind, Fotos von Aufgaben, die im Kindergarten erledigt werden müssen, 1 Laminiergerät und -folie, rote Pappe, 1 Bleistift, 1 Schere, doppelseitiges Klebeband

Vorbereitung:
Auf die Magnetwand wird mit dem Filzmarker eine Tabelle (siehe Abbildung) aufgezeichnet. Die Fotos werden laminiert und anschließend wird mit dem Klebeband jeweils ein Magnet daraufgeklebt. Ein Pfeil wird auf rote Pappe gemalt, ausgeschnitten und auch auf einen Magneten geklebt.

Arbeitsanleitung:
In der linken Spalte befinden sich die Aufgaben, die erledigt werden müssen, zum Beispiel Blumen gießen, den Frühstückstisch feucht abwischen und abtrocknen, die Spielbereiche (Spielschrank, Bauteppich, Puppenecke, Kreativecke …) kontrollieren, ob alles richtig eingeräumt wurde, den Mittagstisch decken, den Mittagstisch abwischen und abtrocknen, das Geschirr einräumen, beim Anziehen helfen, die Zahnpasta zum Zähneputzen auf die Zahnbürsten verteilen.
Im Morgenkreis wird besprochen, welche Aufgaben im Laufe des Tages erledigt werden müssen. Anschließend dürfen sich immer zwei Kinder zusammenfinden, die eine Aufgabe gemeinsam erledigen. Reichen die Aufgaben nicht aus, kann man auch für die ganze Woche besprechen, wer wann welche Aufgabe übernimmt. Der Pfeil wird immer an den entsprechenden Tag gehängt.

	Montag	Dienstag	Mittwoch	Donnerstag	Freitag
Blumen gießen					
Frühstücks-tisch					
Spielschrank					
Baubereich					
Puppenecke					

Der Gruppenknoten (für etwa 10 Kinder, ab 4 Jahren)

Material: –

Spielanleitung:
Alle Kinder, bis auf eines, bilden einen Kreis. Die Kinder im Kreis fassen sich an den Händen und haben die Aufgabe, sich zu verknoten. Das wird gemacht, indem alle ein Stück aufeinander zugehen.

Jetzt kann man:
- über die Arme der anderen klettern
- unter den Armen der anderen hindurchkriechen
- sich um 90° drehen
- …

Dabei muss man unbedingt darauf achten, dass keiner loslässt!
Jeder muss auf sich und die anderen achten, dass der Druck auf die Arme nicht zu stark wird, dann lieber noch etwas zusammenrücken.

Das Kind, das nicht im Kreis gestanden hat, bekommt nun die Aufgabe, den riesigen Knoten zu entwirren. Es lässt die anderen über die Arme steigen, darunter durchkriechen usw., bis alle Kinder wieder im Kreis stehen. Die Gruppe darf natürlich helfen und kleine Tipps geben, um den Knoten zu entwirren.

BVK • Jenny Hütter: Kita aktiv „Projektmappe Ich und du – wir beide“

Das große Freunde-Würfelspiel (ab 4 Jahren, für 6 Spieler)

Material:
Kopiervorlage „Aktionskarten“ (s. S. 46 – 47), Kopiervorlage „Spielfeld (s. S. 48)“, 3 Spielfiguren, Buntstifte, 1 Schere, evtl. 1 Laminiergerät und -folie

Vorbereitung:
Das Spielfeld wird kopiert und mit Buntstiften angemalt. Die Aktionskarten müssen kopiert und ausgeschnitten werden. Beides kann laminiert werden.

Spielregeln:
Jeweils zwei Kinder bilden zusammen eine Gruppe und suchen sich eine Spielfigur aus. Alle Spielfiguren werden auf „Start“ gestellt. Die Aktionskarten werden gemischt und verdeckt auf einen Stapel gelegt.
Die erste Gruppe beginnt, sie nimmt sich eine Aktionskarte und führt die entsprechende Aktion gemeinsam aus. Wurde die Aktion geschafft, darf die Gruppe ihre Spielfigur die entsprechende Anzahl an Feldern (auf der Karte abgebildet) weiterziehen. Wurde die Aktion beendet, wird die Karte verdeckt neben den Stapel gelegt.

Hinweis:
Zur Spieleinführung sollte die Erzieherin dabeisitzen und die Aktionskarten vorlesen.
Bald wissen die Kinder aber sicher selbst, welche Aktion bei welchem Bild durchgeführt werden muss.

Kopiervorlage „Aktionskarten“ (1)

Singt den anderen Kindern gemeinsam ein beliebiges Lied vor.

Ihr dürft 3 Felder weitergehen.

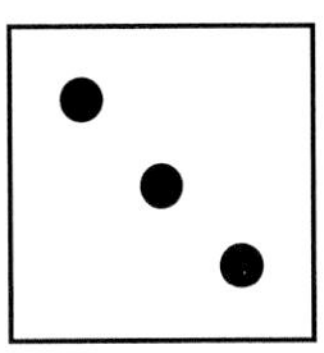

Hüpft gemeinsam 1 x um den Tisch herum (auf einem Bein).

Ihr dürft 1 Feld weitergehen.

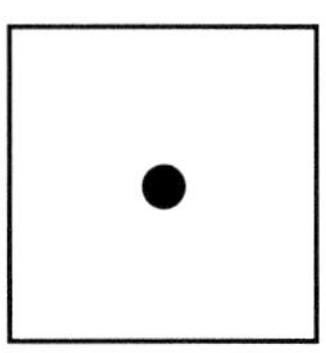

BVK • Jenny Hütter: Kita aktiv „Projektmappe Ich und du – wir beide“

Kopiervorlage „Aktionskarten“ (2)

Schließt eure Augen. Die anderen Mitspieler verändern etwas an sich (tauschen die Plätze, wechseln die Hausschuhe, binden sich ein Tuch um, setzen eine Mütze auf …). Wer hat was verändert? Macht die Änderungen rückgängig.

Ihr dürft 3 Felder weitergehen.

Jeder sagt einem Mitspieler seiner Wahl etwas Schönes.

Ihr dürft 2 Felder weitergehen.

Setzt die Spielfigur einer anderen Gruppe 2 Felder weiter.

+2

Ein Spieler schließt die Augen. Der andere stellt ihm drei Fragen zum Aussehen der anderen Spieler (Welche Haarfarbe hat XY? Trägt XY heute ein Kleid oder eine Hose? Welche Farbe hat der Pullover von XY? ...). Ihr dürft so viele Felder weitergehen, wie Fragen richtig beantwortet wurden.

???

Steht auf und umarmt einmal alle Kinder, die mit euch am Tisch sitzen (natürlich nur, wenn diese das auch möchten).

Ihr dürft 1 Feld weitergehen.

Klopfe deinem Spielpartner auf die Schulter und sage ihm: „Du bist ein toller Spielpartner!“

Ihr dürft 1 Feld weitergehen.

Setzt die Spielfigur von einer Gruppe eurer Wahl 1 Feld weiter.

+1

Macht zusammen ein beliebiges Kunststück für die anderen (einen Purzelbaum, auf einem Bein stehen, ein Lied singen, ganz schnell um den Tisch laufen …).

Ihr dürft 3 Felder weiterziehen.

Spielfeld „Das große Freunde-Würfelspiel“

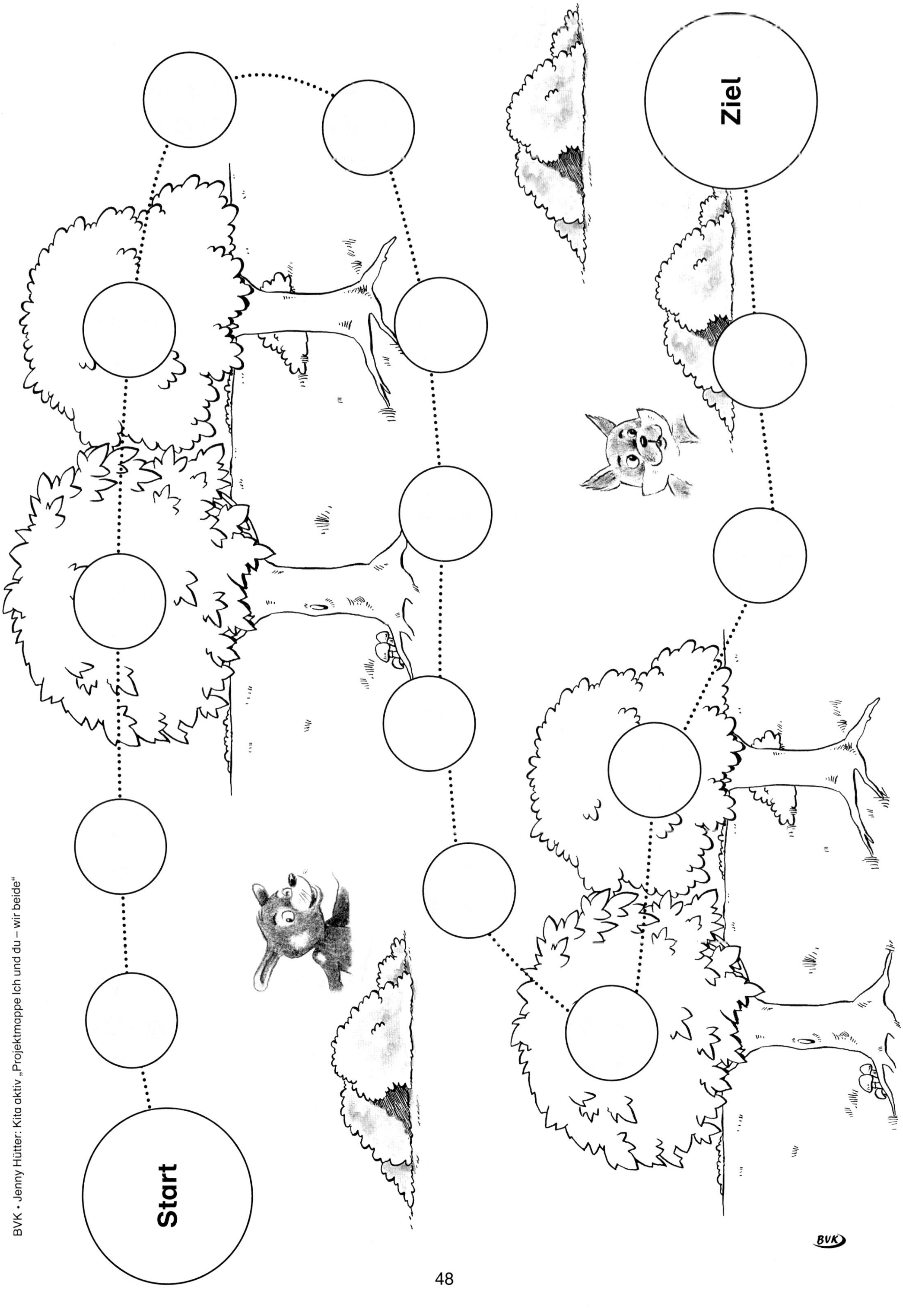